कैसे सुपरफूड्स के साथ रोग मुक्त जिएं

स्वस्थ जीवन के लिए एक संपूर्ण सुपरफूड्स गाइड

ला फॉनसिएर

emerald books

emerald books

प्रिय पाठक,

कैसे सुपरफूड्स के साथ रोग मुक्त जिएं पुस्तक का उद्देश्य बीमारी के गहन ज्ञान के साथ-साथ प्राकृतिक रूप से बीमारी को रोकने और नियंत्रित करने वाले सर्वोत्तम खाद्य विकल्प प्रदान करके दवाओं पर आपकी निर्भरता को कम करने में मदद करना है।

सेहतमंद खाएँ और खुशी से जियें!

ला फॉनसिएर

फार्मेसी में परास्नातक,
शोध वैज्ञानिक और
पंजीकृत फार्मासिस्ट

अनुक्रम

परिचय

आजकल डायबिटीज़, हाई ब्लड प्रेशर और आर्थराइटिस काफी आम हो गए हैं। हर परिवार में किसी एक को इनमें से कोई न कोई बीमारी होती है। लोग इन बीमारियों को जीवन का हिस्सा मानने लगे हैं, जो अच्छी बात नहीं है। आज जिस तरह कि हमारी जीवनशैली है, जैसे प्रोसेस्ड खाद्य पदार्थों का अधिक सेवन, बार-बार बाहर खाना, धूम्रपान और शराब का सेवन, ऐसे में इसकी 70% संभावना है कि 50 की उम्र तक पहुँचने तक या तो आपको हाई ब्लड प्रेशर या हाई शुगर लेवल या दोनों होंगे।

शरीर में एक रोग की स्थिति का मतलब है कि आपका इम्यून सिस्टम लगातार बीमारी से लड़ने में व्यस्त रहता है, धीरे-धीरे आपका इम्यून सिस्टम (रोग प्रतिरोधक प्रणाली) अपनी प्रभावशीलता खो देता है और कमजोर हो जाता है। यदि कोई अन्य बीमारी हमला करती है, तो आपका इम्यून सिस्टम लड़ने में असमर्थ रहता है और इसके जानलेवा परिणाम हो सकते हैं। आपको अपने स्वास्थ्य की देखभाल अपने 20 की उम्र से ही शुरु कर देनी चाहिए। किसी भी बीमारी से प्राकृतिक रूप से लड़ने के लिए अपने शरीर को मजबूत बनाएँ।

अधिक बीमारियों का मतलब है अधिक दवाएँ। फार्मेसी फील्ड से होने के नाते, मैं आपको आश्वस्त कर सकती हूँ कि दवाओं पर निर्भरता अच्छी नहीं है। रोग में निर्धारित दवाओं के दुष्प्रभाव होते हैं। इन दुष्प्रभावों को कम करने के लिए आपको अक्सर दवाओं का एक अन्य सेट दिया जाता है जो आपकी प्राथमिक दवाओं के दुष्प्रभावों का इलाज करतीं हैं, लेकिन उनके भी दुष्प्रभाव होते हैं, जिसके लिए

फिर से कुछ अन्य दवाओं की आवश्यकता होती है, इस तरह मूल रूप से यह चक्र जारी रहता है। लेकिन एक हल है! आप अपने आहार में ऐसे खाद्य पदार्थों को शामिल कर सकते हैं जिनका आपकी दवाओं की तरह ही असर होता है। इन खाद्य पदार्थों के नियमित सेवन से आप अपने शरीर को ठीक कर सकते हैं और प्राकृतिक रूप से बीमारी से लड़ने के लिए अपनी इम्युनिटी बढ़ा सकते हैं।

उद्देश्य बीमारी से दूर रहने का होना चाहिए और तैयारी आपके 20 की उम्र से ही शुरू होती है। आप जो अपने 20-30 की उम्र में खाते हैं, वह आपके 50 के आगे की उम्र को प्रभावित करता है। किसी बीमारी को रोकने के लिए आपको उस बीमारी का सम्पूर्ण ज्ञान होना चाहिए, जैसे कि ऐसा क्यों होता है? यह आपके शरीर को कैसे प्रभावित करता है? बीमारी की स्थिति में आपके शरीर में वास्तव में क्या होता है? कौन सी अन्य स्वास्थ्य समस्याएं हैं जो किसी विशेष बीमारी के कारण हो सकती हैं?

कैसे सुपरफूड्स के साथ रोग मुक्त जिएं में इन सभी विषयों पर विस्तार से चर्चा की जाएगी। आप उन सभी खाद्य पदार्थों के बारे में जानेंगे जो आपके इम्युनिटी को बढ़ाते हैं, वो सुपरफूड्स जो आपको बीमारियों से बचा सकते हैं, ऐसे खाद्य पदार्थ जो आपके शरीर में इन्फ्लेमेशन को कम करते हैं, और आप ऐसे फूड कॉम्बिनेशन के भी बारे में जानेंगे जो साथ खाये जाने पर आपको अधिकतम स्वास्थ्य लाभ प्रदान करते हैं। स्वस्थ कल के लिए तैयार हो जाएँ!

नोट - मुख्य अध्यायों को पढ़ना शुरू करने से पहले कृपया महत्वपूर्ण शब्दावली खंड पढ़ें। इससे आपको पुस्तक में प्रयुक्त वैज्ञानिक और तकनीकी शब्दों को समझने में मदद मिलेगी।

1

बीमारी से बचाव और नियंत्रण में खाद्य चिकित्सा की भूमिका

यदि आप पहली बार अपने ब्लड शुगर की जाँच करवा रहें हैं, और रिपोर्ट में आपका शुगर हाई आता है तो आपका डॉक्टर पहले आपको दवाएँ नहीं लिखेगा। इसके बजाय, आपका डॉक्टर आपको तीन महीने का समय देगा ताकि आप अपने आहार और जीवनशैली

में बदलाव के साथ अपने शुगर को नियंत्रित कर सकें। यदि शुगर तब भी नियंत्रित नहीं होता है, केवल तभी आपको हाई ब्लड शुगर को नियंत्रित करने के लिए दवाएँ दी जाएंगीं।

क्या आप इसका कारण जानते हैं? क्योंकि दवाएँ बीमारी का इलाज करती हैं, लेकिन वे गंभीर दुष्प्रभाव पैदा कर सकती हैं। दवा जितनी तगड़ी होगी, उसके दुष्प्रभाव भी उतने ही ज्यादा होंगे। इसका मतलब यह नहीं है कि आपको अपने डॉक्टर को बताए बिना दवा लेना लेना बंद कर देना चाहिए। अपने डॉक्टर से परामर्श के बिना अपनी दवा कभी बंद न करें क्योंकि कुछ दवाओं के विड्रॉल प्रभाव होते हैं, जो अचानक लेना बंद कर देने पर आपकी बीमारी की स्थिति को और भी खराब कर सकते हैं।

तो समाधान क्या है? इसका समाधान अच्छे प्रबंधन में है। आप बीमारी का रोकथाम या प्रबंधन तभी कर सकते हैं जब आपको उस बीमारी के बारे में पूरी जानकारी हो। सब कुछ आप ही के हाथ में है, आप अपने जीवन और अपनी बीमारी की स्थिति के सेनापति हैं। सही पोषण और स्वस्थ जीवनशैली से आप अपनी दवाओं और चिकित्सा अवधि को कम कर सकते हैं।

जब रोग प्रबंधन (डीसीस मैनेजमेंट) की बात आती है, तो इससे जुड़ी कई भ्रांतियां हैं। आइए पहले इन भ्रांतियों को दूर करें:

#1 ग़लती

मैं यंग हूँ और मुझे कोई बीमारी नहीं है, मेरे पास चिंता किए बिना जीने के लिए बहुत समय है। जब मैं 50 साल का हो जाऊँगा तब बीमारियों की चिंता करूँगा। तब तक, मेरा मानना है कि आप केवल एक ही बार जीते हैं इसलिए खुल कर, जी भर के जियें।

दरअसल, आप सिर्फ एक बार मरते हैं लेकिन हर दिन जीते हैं, इसलिए अपने हर दिन को रोगमुक्त बनाएँ। 20 से 40 की उम्र आपके 50 के बाद के वर्षों को स्वस्थ और खुशहाल बनाने की कुंजी है। इन वर्षों में आप जिस तरह से अपने शरीर के साथ व्यवहार करते हैं, उसका असर आपके बुढ़ापे में देखने को मिलता है। ये आपके शरीर बनाने के वर्ष हैं, इन वर्षों के दौरान जितना हो सके उतना स्वस्थ खाएँ, और अपने 50 के बाद के सालों में इसका लाभ प्राप्त करें। धूम्रपान, शराब और अन्य नशीले पदार्थों से पूरी तरह दूर रहें, ये आपके स्वास्थ्य को आंतरिक रूप से खराब करते हैं। इनका नुकसान आपके 20 और 30 के सालों के दौरान नहीं दिखाई देता है, लेकिन आपके 50 या आजकल आपके 40 तक पहुँचते ही इसके खतरनाक परिणाम दिखने लगते हैं। जंक फूड खाएँ लेकिन केवल अपनी स्वाद कली को संतुष्ट करने के लिए, अपना पेट भरने के लिए नहीं।

#2 ग़लती

मैं एक बहुत ही स्वास्थ्य के प्रति जागरूक व्यक्ति हूँ, और मेरा मानना है कि प्रकृति के पास सभी समाधान हैं। हालांकि मुझे एक बीमारी है, लेकिन मेरा मानना है कि मुझे दवा की जरूरत नहीं है। मैं स्वस्थ भोजन और अच्छी जीवनशैली से अपने आप को प्राकृतिक रूप से ठीक कर सकता हूँ।

यदि आप किसी रोग से ग्रसित हैं तो इसका मतलब है कि अनजाने में कुछ नुकसान पहले ही हो चुका है। ध्यान रखें कि दवाएँ दुश्मन नहीं हैं, बस वे प्राकृतिक भोजन नहीं हैं। केवल दवाओं पर निर्भरता अच्छी नहीं है, वहीं, जब आपके शरीर को दवाओं की जरूरत हो तो उनको पूरी तरह से छोड़ देना भी सही नहीं है। निस्संदेह, स्वस्थ

आहार और स्वस्थ जीवनशैली आपको बहुत तेजी से ठीक कर सकतें हैं, लेकिन निश्चित ही आपको किसी बीमारी के इलाज के लिए दवा की आवश्यकता होती है। स्वस्थ खाद्य पदार्थों के साथ, आप अपने आप को तेजी से ठीक कर सकते हैं, और चूंकि आपका शरीर अधिक तेज़ी से रिकवर होता है, इसलिए आपको चिकित्सा के सामान्य से छोटे कोर्स की आवश्यकता होती है जिसका सीधा अर्थ है कम दुष्प्रभाव।

#3 ग़लती

पिछली बार जब मुझे परेशानी हुई थी, तब मेरे डॉक्टर ने कुछ दवाइयाँ लिखी थीं। अब फिर से मुझे वही समस्या महसूस हो रही है, मुझे वही दवाएँ ले लेनी चाहिए जो डॉक्टर ने मुझे पिछली बार बताई थीं।

स्वयं दवाएँ (सेल्फ मेडिकेशन) न लें। किसी भी बीमारी के दोबारा होने की स्थिति में दवाएँ समान हो सकती हैं, लेकिन अलग-अलग खुराक के साथ। खुद डॉक्टर न बनें। बिना डॉक्टर के सलाह लिए खुद दवाइयाँ लेने से शरीर में दवाई की अधिमात्रा (ओवरडोज़) हो सकती है, जिसके जान लेवा परिणाम हो सकते हैं। जब भी आप ठीक महसूस नहीं कर रहे हों तो अपने डॉक्टर से सलाह लें और सीधे उनसे पूछें कि क्या वही लक्षण के दोबारा होने पर इन्हीं दवाओं को फिर से लेना सुरक्षित है। हमेशा अपने डॉक्टर से पूछें कि आपकी बीमारी को मैनेज करने के लिए आपका आहार क्या होना चाहिए? अपने फार्मासिस्ट से पूछें कि क्या कोई ऐसा भोजन है जिसका आपको दवा लेते समय परहेज़ करना चाहिए।

#4 ग़लती

मैं दो महीने से अपनी बीमारी के लिए दवा ले रही हूँ, और अब मेरी हालत में सुधार हुआ है। हालाँकि मेरे डॉक्टर ने मुझे 3 महीने का दवा का कोर्स पूरा करने की सलाह दी है लेकिन अब मैं ठीक महसूस कर रही हूँ, इसलिए दो महीने तक दवा लेने के बाद अब मैंने दवा लेना बंद कर दिया है।

ऐसा करने की सलाह कभी नहीं दी जाती है। हो सकता है कि आपके स्वस्थ आहार और स्वस्थ जीवनशैली से आप दूसरों की तुलना में जल्दी ठीक हो गए हैं, लेकिन आपको कभी भी अपने डॉक्टर से परामर्श किए बिना दवा का कोर्स बीच में नहीं छोड़ना चाहिए। यहाँ तक कि अगर आपके लक्षणों को शुरुआती दवाओं से राहत मिली है, तो भी आपको बीमारी का पूरी तरह से इलाज करने के लिए कोर्स को पूरा करने की आवश्यकता होती है। अन्यथा, बीमारी एक बार ठीक होने के बाद फिर से हो जाएगी, और जैसा कि प्रारंभिक चरण में इसका इलाज नहीं किया गया था, इसलिए दोबारा बीमारी अधिक गंभीरता से होगी। कुछ दवाओं को अचानक बंद करने से शरीर में विड्रॉल सिम्टम्स (महत्वपूर्ण शब्दावली खंड में अर्थ देखें) पैदा होते हैं और रोग की स्थिति और खराब हो जाती है। अपनी दवाएँ छोड़ने के बजाय, आपको डॉक्टर को अपने स्थिति के सुधार के बारे में सूचित करना चाहिए। आपके डॉक्टर उसी दवा की खुराक को धीरे-धीरे कम करेंगे और पहले की तुलना में कोर्स जल्दी पूरा कर देंगे, या वह आपको आपकी बीमारी के प्रकार और आपकी स्थिति के आधार पर पूरा कोर्स करने की सलाह देंगे।

#5 ग़लती

मैं अपनी बीमारी के लिए दवा ले रहा हूँ और दवा अपना काम कर रही है। यह मुझे ठीक कर देगी, मुझे न्यूट्रिशन इत्यादि के बारे में ज्यादा चिंता करने की ज़रूरत नहीं है।

खान-पान और रहन-सहन किसी भी बीमारी के प्रबंधन में बहुत बड़ी भूमिका निभाते हैं। यदि आपका आहार स्वस्थ नहीं है और आपकी जीवनशैली भी अच्छी नहीं है, तो नियमित दवा के बावजूद आपकी स्थिति खराब हो सकती है। इम्युनिटी बढ़ाने वाले खाद्य पदार्थ आपके शरीर को बीमारी से लड़ने और आपके शरीर को ठीक करने के लिए तैयार करते हैं। एक स्वस्थ जीवनशैली आपके शरीर से बोझ को दूर करती है जिससे आपका शरीर पूरी तरह से बीमारी के इलाज पर ध्यान केंद्रित कर सकता है।

#6 ग़लती

कुछ रोग जैसे डायबिटीज़, हाई ब्लड प्रेशर, आर्थराइटिस आदि उम्र के साथ स्वाभाविक रूप से आते हैं। आप इन बीमारियों से बच नहीं सकते। मुझे पता है कि हर दूसरे व्यक्ति को इनमें से एक बीमारी है, इसलिए मेरी उम्र में यह बहुत सामान्य है।

यह आम हो सकता है लेकिन वास्तव में सामान्य नहीं है। यह सबसे बड़ा मिथक है कि कुछ बीमारियाँ स्वाभाविक रूप से उम्र के साथ आती हैं। उम्र के साथ हमारा शरीर थोड़ा कमजोर हो जाता है, लेकिन इनमें से ज्यादातर बीमारियाँ हमारे खराब खान-पान और खराब जीवनशैली का परिणाम होती हैं। समय आ गया है कि इन बीमारियों को अपने जीवन का हिस्सा न बनने दें और स्वस्थ भोजन और स्वस्थ जीवनशैली के साथ अपने शरीर का निर्माण करें ताकि

ये रोग आपको कभी छू भी न पाए और यदि आपको पहले से ही ये रोग हैं तो उन्हें नियंत्रित किया जा सकें।

रोग प्रबंधन (डिजीज़ मैनेजमेंट)

बीमारी क्या है?

बीमारी आपके शरीर की सामान्य संरचना या कार्य में गड़बड़ी की स्थिति है। जब आपके शरीर के सामान्य कार्य में कुछ गड़बड़ हो जाता है, तो आपका शरीर लक्षणों के रूप में संकेत देता है कि शरीर के अंदर कुछ गलत हो रहा है। यहीं से आपकी जिम्मेदारी शुरू होती है। उचित दवा, स्वस्थ भोजन और स्वस्थ जीवनशैली के साथ, आप बीमारी को रोक सकते हैं और उसका इलाज कर सकते हैं।

रोग मुख्य रूप से दवाओं, आहार और जीवनशैली में संशोधन के साथ प्रबंधित किया जाता है। आइए प्रत्येक की भूमिका को समझें।

दवाओं की भूमिका

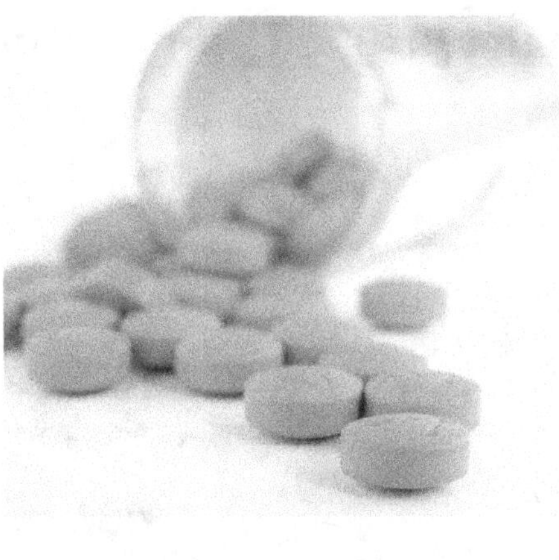

दवाएँ उपचार में महत्वपूर्ण भूमिका निभाती हैं। आम तौर पर दवाएँ तीन तरह से काम करती हैं:

1. दर्द, जी मिचलाना और बुखार जैसे लक्षणों को कम करने के लिए।

2. रोग का उपचार करने के लिए।

3. रोग के उपचार में दवाइयों के प्रयोग से उत्पन्न होने वाले दुष्परिणामों को कम करने के लिए या उनका उपचार करने के लिए। उदाहरण के लिए, आमतौर पर उच्च खुराक वाली दवाओं के साथ अम्ल रोग नाशक दी जाती है क्योंकि उच्च खुराक वाली दवाएँ शरीर में अम्लपित्त (एसिडिटी) पैदा करती हैं।

हर दिन एक ही समय पर दवाएँ लेना महत्वपूर्ण है। दवाएँ शरीर पर अपना प्रभाव दिखाने में अपना समय (ऑनसेट टाइम) लेती हैं। हर दिन एक ही समय पर दवाएँ लेना यह सुनिश्चित करता है कि उपचार के दौरान इसका सक्रिय तत्व शरीर में समान रूप से उपलब्ध रहेगा।

जीवनशैली विकल्पों की भूमिका

खराब जीवनशैली विकल्प आपके शरीर पर बोझ डालते हैं। सरल शब्दों में कहें तो ये अनेक रोगों के कारक हैं। अस्वास्थ्यकर जीवनशैली विकल्प आपके शरीर को कमजोर बनाते हैं, आपकी इम्युनिटी को कम करते हैं और आपको कई बीमारियों के प्रति संवेदनशील बनाते हैं।

अस्वास्थ्यकर जीवनशैली विकल्पों के उदाहरण:

- तनाव
- धूम्रपान
- शराब
- अस्वास्थ्यकर आदतें
- अपर्याप्त नींद

जब खराब जीवनशैली विकल्पों की बात आती है तो धूम्रपान, शराब और अपर्याप्त नींद के बारे में बहुत सारी चर्चाएँ होती रहती हैं, लेकिन हम अक्सर अन्य खराब जीवनशैली विकल्प जैसे तनाव और अस्वास्थ्यकर आदतों को हल्के में लेते हैं।

कई बीमारियों में तनाव का अहम योगदान होता है। जब आप तनाव में होते हैं, तो आपका शरीर कोर्टिसोल नामक स्ट्रेस हार्मोन छोड़ता है, जिससे आपका हृदय तेजी से पंप करता है और आपका ब्लड प्रेशर बढ़ता है। तनावपूर्ण समय बीत जाने के बाद, आपका शरीर कम मात्रा में कोर्टिसोल छोड़ता है। आपका हृदय और ब्लड प्रेशर सामान्य हो जाता है। लेकिन अगर आप लगातार तनाव में हैं, तो आपके शरीर में कोर्टिसोल का लगातार उच्च स्तर कई स्वास्थ्य समस्याओं का कारण बन सकता है। हर दिन कम से कम 2 घंटे अपने लिए निकालें, इस दौरान कुछ न करें, बस आराम करें। दिन

में सिर्फ दो तनाव मुक्त घंटे आपके शरीर को अपने सभी कार्यों और प्रणालियों को सामान्य करने के लिए पर्याप्त समय देतें हैं।

खाने से पहले और वॉशरूम का उपयोग करने के बाद अपने हाथ नहीं धोना, और खुले घाव को छूने जैसी अस्वच्छ आदतें कीटाणुओं को शरीर में प्रवेश करने देती हैं। नतीजतन, आपका इम्यून सिस्टम इन कीटाणुओं से लड़ने में व्यस्त रहता है और समय के साथ इम्यून सिस्टम कमजोर हो जाता है। जब आपका इम्यून सिस्टम कमजोर हो जाता है, तो यह आपको बड़ी और गंभीर बीमारियों से नहीं बचा पाता है। इसलिए, अपने इम्यून सिस्टम पर ज़ोर न दें। पहले से ही वातावरण में इतना प्रदूषण है जिससे आपका इम्यून सिस्टम रोज लड़ता है, इसलिए इसे और ज्यादा बोझ न दें। अच्छी स्वच्छता बनाए रखें और अपनी इम्यून सिस्टम को स्वस्थ रखें। आप जब भी बाहर से आएँ तो सबसे पहले अपने हाथों को साबुन से धोएँ। यह आदत आपको कई बीमारियों से बचाएगी। साथ ही, "5-सेकंड रूल" एक बड़ा मिथक है। यहाँ तक कि फर्श का एक छोटा सा एक्सपोजर भी आपके भोजन को पांच सेकंड से कम समय में ई कोलाई, साल्मोनेला और अन्य बैक्टीरिया से दूषित कर सकता है।

बिमारियों से दूर रहने के लिए आपका फोकस पॉइंट क्या होना चाहिए?

यदि आप अपने इम्यून सिस्टम और पाचन तंत्र को स्वस्थ रखते हैं तो आप कई रोगों के जोखिम को बहुत कम देते हैं।

इम्यून सिस्टम को कमजोर करने वाली जीवनशैली विकल्पों से दूर रहें, जैसे

- तनाव में रहना

- धूम्रपान करना
- शराब पीना
- नशीले पदार्थों का सेवन

इम्युनिटी बढ़ाने वाली जीवनशैली को अपनाएँ

- 7-8 घंटे की नींद
- बार-बार हाथ धोना
- सुबह की धूप सेकना
- योग
- लंच और डिनर के बाद टहलना

इम्युनिटी को कमजोर करने वाले खाद्य पदार्थों से परहेज़ करें

- ट्रांस फैट
- प्रोसेस्ड फूड
- डिब्बाबंद खाना
- रिफाइंड कार्बोहाइड्रेट
- चीनी में उच्च खाद्य पदार्थ

अपने आहार में इम्युनिटी बढ़ाने वाले खाद्य पदार्थों को शामिल करें

- विटामिन सी से भरपूर खाद्य पदार्थ
- जिंक में उच्च खाद्य पदार्थ
- ऐसे खाद्य पदार्थ जिनमें एंटी-इन्फ्लेमेटरी गुण होते हैं

खाद्य पदार्थों की भूमिका

रोग प्रबंधन के हर चरण में खाद्य पदार्थ एक बड़ी भूमिका निभाते हैं, जैसे कि

1. रोग को रोकने के लिए।

2. चिकित्सा अवधि को छोटा करने के लिए।

3. रोग को नियंत्रित करने के लिए।

4. रोग की पुनरावृत्ति को रोकने के लिए।

शरीर प्रकृति का उत्पाद है, और आपका शरीर भोजन जैसी प्राकृतिक चीजों से प्यार करता है। प्लांट बेस्ड (वनस्पति पर आधारित) स्वस्थ खाद्य पदार्थ विभिन्न बीमारियों और ऑटोइम्यून विकारों को रोक सकते हैं और आपके शरीर को किसी भी बीमारी से लड़ने के लिए पर्याप्त रूप से मजबूत बनाने में मदद करते हैं।

प्लांट बेस्ड स्वस्थ खाद्य पदार्थ आपके शरीर को स्वस्थ बनाते हैं, दवाओं पर आपकी निर्भरता को कम करते हैं और आपके जीवन में रोग-मुक्त वर्षों को जोड़ते हैं।

क्यों फूड थेरेपी सबसे अच्छी थेरेपी है?

अधिकतर दवाएँ आपके शरीर में बीमारी के कारण उत्पन्न हुई गड़बड़ी पर काम करती हैं, जबकि खाद्य पदार्थ बीमारी के मूल कारण पर काम करते हैं और आपके शरीर को प्राकृतिक रूप से बीमारी से लड़ने के लिए मजबूत बनाते हैं। इसके अलावा, खाद्य पदार्थों का कोई दुष्प्रभाव नहीं होता है। एक सरल नियम यह है कि आप अपने आहार में हर रंग की सब्जियाँ और फल शामिल करें, यह आपको अनगिनत बीमारियों से बचाएगा।

हम फ़ास्ट फूड जैसे अस्वास्थ्यकर खाद्य पदार्थों से दूर रहने की कोशिशों में इतने चिंतित हैं कि अब यह काफी तनावपूर्ण हो गया है। जितना अधिक आप उनसे दूर भागने की कोशिश करते हैं, उतना ही उनके प्रति आपकी लालसा बढ़ती जाती है। यदि आप अस्वास्थ्यकर खाद्य पदार्थ से परहेज़ करते है, लेकिन आपके आहार में आवश्यक पोषक तत्वों की कमी है, तो सिर्फ अस्वास्थ्यकर खाद्य पदार्थों से परहेज़ का कोई खास स्वास्थ्य लाभ नहीं है। स्वस्थ रहने के लिए, स्वस्थ खाद्य पदार्थों को अपने आहार में शामिल करना केवल अस्वास्थ्यकर खाद्य पदार्थों से परहेज़ करने से अधिक महत्वपूर्ण है। यह समय इस बात पर ध्यान देने का है कि आपको क्या खाना चाहिए, न कि क्या नहीं खाना चाहिए। सिर्फ वजन घटाने के लिए ही अपने आहार में बदलाव न करें, इसके बजाय, स्वस्थ और रोग मुक्त जीवन के लिए अपने आहार को संतुलित बनाएँ।

2

10 सुपरफूड्स जो आपको रोग मुक्त रहने के लिए प्रतिदिन खाने चाहिए

स्वस्थ आहार आपको कई बीमारियों से बचा सकता है और किसी भी बीमारी की स्थिति में सुधार कर सकता है। सुपरफूड ऐसे खाद्य पदार्थ हैं जो पोषक तत्वों से भरपूर होते हैं। एक फूड को सुपरफूड

तब माना जाता है जब यह न केवल एक बीमारी से रक्षा या उसका उपचार कर सकता है, बल्कि इसका नियमित सेवन आपको एक समय में कई बीमारियों से बचा सकता है। केवल सुपरफूड खाने और अन्य खाद्य पदार्थों से परहेज़ करने से आपके रोग मुक्त जीवन की गारंटी नहीं मिलती है। लेकिन हर दिन सुपरफूड खाने से निश्चित रूप से बीमारियों के विकसित होने का खतरा कई गुना कम हो जाता है। ऐसा इसलिए है क्योंकि सुपरफूड में सक्रिय रासायनिक कंपाउंड होते हैं जो शरीर में एंटीऑक्सिडेंट और एंटी-इन्फ्लेमेटरी प्रभाव डालते हैं। वे फ्री रेडिकल्स[1] को मारकर ऑक्सीडेटिव स्ट्रेस को रोक कर शरीर में इन्फ्लेमेशन को कम करते हैं। ऑक्सीडेटिव स्ट्रेस और इन्फ्लेमेशन (अर्थ महत्वपूर्ण शब्दावली खंड में देखें।) कैंसर, आर्थराइटिस, डायबिटीज़ और ऐसी कई क्रोनिक बीमारियों के प्रमुख कारण हैं। हर रोज सुपरफूड्स खाने से आप इन बीमारियों से बच सकते हैं। सुपरफूड्स को दवाओं के रूप में न देखें जिनकी आपको केवल तब तक जरूरत होती है जब तक कि आपकी स्थिति में सुधार न हो जाए। उन्हें आजीवन मित्र के रूप में देखें, वे आपके शुभ चिंतक हैं, इसलिए आपको जीवन भर उनकी संगति में रहना चाहिए। मैं शीर्ष सुपरफूड्स सूचीबद्ध कर रही हूँ जिन्हें आपको अपने दैनिक आहार में शामिल करना चाहिए। इसके साथ ही रोग मुक्त रहने के लिए आपको प्रोसेस्ड फूड, डिब्बाबंद खाना, तला हुआ खाना, नमक, और अन्य प्रसिद्ध स्वास्थ्य खराब करने वाली पदार्थों से भी परहेज़ करना चाहिए। यहाँ ऐसे सुपरफूड्स हैं जिनमें औषधीय गुण हैं और जो दवाओं पर आपकी निर्भरता को कम कर सकते हैं। आइए मिलते हैं हमारे आजीवन भोजन मित्रों से:

हल्दी

हल्दी सुपरफूड्स की सूची में सबसे ऊपर है। हल्दी के वैज्ञानिक रूप से सिद्ध स्वास्थ्य लाभ हैं। इसका श्रेय हल्दी के सक्रिय घटक करक्यूमिन को जाता है। करक्यूमिन हल्दी को चमकीला पीला रंग देता है और इसमें कई औषधीय गुण होते हैं। यह एक शक्तिशाली एंटी-इन्फ्लेमेटरी, एंटीऑक्सिडेंट, एंटीबैक्टीरियल, एंटीवायरल और एंटिफंगल एजेंट है। ये गुण आपके शरीर को अंदर से मजबूत बनाए रखने में काफी महत्वपूर्ण भूमिका निभाते हैं और आपको अधिकांश बीमारियों से बचा सकते हैं।

इन्फ्लेमेशन शरीर के लिए अच्छा होता है क्योंकि यह चोट को ठीक करने या संक्रमण से लड़ने में मदद करता है, लेकिन हमारे आजकल के खान-पान और जीवनशैली से शरीर में खतरनाक स्तर पर इन्फ्लेमेशन हो रहा है। लम्बे समय से चला आ रहा इन्फ्लेमेशन आर्थराइटिस, हृदय रोग, अल्जाइमर (भूलने की बीमारी), डिप्रेशन, कैंसर और अन्य डिजनरेटिव स्थितियों सहित लगभग हर बीमारी के

कारणों में से एक है। करक्यूमिन में शक्तिशाली एंटी-इंफ्लेमेटरी गुण होते हैं जो आपको कई बीमारियों से बचाते हैं। ब्रेन-डिराइव्ड न्यूरोट्रॉफिक फैक्टर (BDNF) का कम स्तर अल्जाइमर और डिप्रेशन से जुड़ा है। हल्दी बीडीएनएफ के स्तर को बढ़ाती है और डिप्रेशन और अल्जाइमर रोग को रोकने में और इसके इलाज में बहुत प्रभावी है।

हल्दी ट्यूमर सेल्स के विकास को रोक कर प्रोस्टेट, स्तन, कोलोरेक्टल और पैंक्रियास के कैंसर सहित विभिन्न प्रकार के कैंसर को रोकने और नियंत्रित करने में मदद करती है।

इसके एंटीबैक्टीरियल और एंटीवायरल गुण के कारण, करक्यूमिन संक्रमण और दाद और वायरल फ्लू सहित विभिन्न प्रकार के वायरस से लड़ने में मदद कर सकती है। इसलिए अगली बार जब आपको वायरल फीवर हो तो दूध में एक चम्मच हल्दी पाउडर मिलाकर दो मिनट तक उबालें और सोने से पहले इसे पी लें। यह आपको तेजी से ठीक करेगा।

हल्दी कोशिकाओं को फ्री रेडिकल्स से होने वाले नुकसान से बचाती है। अस्वास्थ्यकर खाद्य पदार्थ जैसे अत्यधिक चीनी, सैचुरेटेड फैट में उच्च खाद्य पदार्थ और खराब जीवनशैली विकल्प जैसे सिगरेट और शराब पीना, फ्री रेडिकल्स निर्माण में योगदान देते हैं जो टिश्यूज़ को क्षति पहुँचाते हैं। फ्री रेडिकल्स ऑक्सीकरण प्रक्रिया के माध्यम से अपने इलेक्ट्रॉन को डीएनए, प्रोटीन और मेम्ब्रेन (झिल्ली) के कोशिकाओं के साथ जोड़कर उनको नुकसान पहुँचाते हैं। फ्री रेडिकल्स एजिंग और अन्य स्वास्थ्य जटिलताओं के लिए जिम्मेदार हैं।

हल्दी में प्रचुर मात्रा में पॉलीफेनोल्स (इसका अर्थ महत्वपूर्ण शब्दावली खंड में देखें), फ्लेवोनोइड्स, टैनिन और एस्कॉर्बिक एसिड होता है, ये सभी प्राकृतिक एंटीऑक्सिडेंट हैं और कोशिकाओं को फ्री रेडिकल्स से होने वाले नुकसान से बचाते हैं।

हल्दी का सेवन कैसे करें?

सर्दी के मौसम में ताजी हल्दी का सेवन करें। इसे कद्दूकस कर लें और अपनी सुबह की चाय में डालें। अन्य मौसमों में खाना पकाने में हल्दी पाउडर का प्रयोग करें और रात को सोने से पहले गर्म हल्दी वाला दूध लें। हल्दी गर्म प्रकृति की होती है, इसलिए गर्मियों में इसका अधिक सेवन न करें, अन्यथा आपको मुँह में छाले हो सकते हैं।

किसे हल्दी नहीं खानी चाहिए?

इसका सेवन कोई भी कर सकता है। काली मिर्च को हल्दी के साथ खाएँ, यह शरीर में करक्यूमिन के अब्सॉर्प्शन (अवशोषण) को बढ़ाता है। हालांकि, यदि आप रक्त को पतला करने वाली दवाएँ जैसे वारफारिन ले रहे हैं, तो आपको हल्दी का सेवन सीमित करना चाहिए क्योंकि वारफारिन की ही तरह हल्दी भी रक्त को शुद्ध करती है और रक्त को पतला करती है।

मुझे एक दिन में कितनी हल्दी खानी चाहिए?

आपको एक दिन में 500 mg-1000 mg करक्यूमिन प्राप्त करने का लक्ष्य रखना चाहिए, जो एक बड़े चम्मच ताज़ी पिसी हुई हल्दी या एक बड़े चम्मच हल्दी पाउडर के बराबर है। हल्दी का सप्लीमेंट्स न लें इसके बजाय ताजी या हल्दी पाउडर का इस्तेमाल करें।

मेथी

मेथी के पत्तों और दानों में पोषक तत्वों की एक विस्तृत श्रृंखला होती है जो कई स्वास्थ्य लाभ प्रदान करती है। ये आयरन, विटामिन, बायोटिन, कोलीन, फ्लेवोनोइड्स और फाइबर से भरे होते हैं। मेथी दाने की उच्च फ्लेवोनोइड सामग्री एंटीऑक्सीडेंट के रूप में कार्य करती है और दर्द और सूजन को कम कर के आर्थराइटिस की स्थिति में सुधार करती है। मेथी के पत्ते और दाने घुलनशील फाइबर में उच्च होते हैं, जो ब्लड शुगर और कोलेस्ट्रॉल के स्तर को कम करने में मदद करते हैं। मेथी में मौजूद फाइबर कार्बोहाइड्रेट के पाचन और अब्सॉर्प्शन को धीमा कर देते हैं, जो इन्हें डायबिटीज़ को नियंत्रित करने में बहुत प्रभावी बनाता है। आपके रक्त में कोलेस्ट्रॉल का उच्च स्तर हृदय रोगों के खतरे को बढ़ाता है। मेथी में मौजूद घुलनशील फाइबर कोलेस्ट्रॉल के कणों से जुड़ जाते हैं और उनको शरीर से अपने साथ बाहर निकाल देते हैं, जिससे शरीर में कोलेस्ट्रॉल का स्तर कम होता है और ब्लड प्रेशर

कम हो जाता है। इससे हृदय की जटिलताओं का रिस्क कम होता है और हृदय के स्वास्थ्य में सुधार होता है।

इसके अलावा, मेथी बालों के झड़ने, पुरुष नपुंसकता और अन्य प्रकार के यौन रोग के उपचार में प्रभावी होती है।

मुझे एक दिन में कितनी मेथी का सेवन करना चाहिए?

परिणाम देखने के लिए छह महीने तक दिन में एक बार एक चम्मच मेथी दाने का सेवन करें। सर्दी के मौसम में हर दिन या हर दूसरे दिन ताजी मेथी के पत्ते खाएँ।

मेथी का सेवन करने का सबसे अच्छा तरीका क्या है?

एक चम्मच मेथी के दानों को रात भर एक गिलास पानी में भिगो दें। अगली सुबह मेथी दानों को चबाकर मेथी के पानी (जिसमें दाने भिगोए हुए थे) के साथ निगल लें। ताजे मेथी के पत्तो का सलाद बनाएँ या सरसों के तेल में भून कर खाएँ और स्वाद बढ़ाने के लिए इसमें लहसुन डालें।

मेथी किसे नहीं खानी चाहिए?

यदि आप डायबिटीज़ या हाई ब्लड प्रेशर की दवा ले रहे हैं, तो अपने डॉक्टर और फार्मासिस्ट की सलाह के बिना मेथी को अधिक मात्रा में लेना शुरू न करें। मेथी आपके डायबिटीज़ और बीपी दवाओं के समान कार्य करती है। इसलिए दोनों को लेने से ब्लड शुगर और ब्लड प्रेशर सुरक्षित सीमा से कम हो सकता है, जिसके कारण, आपकी दवाओं की खुराक को बदलना पड़ सकता है।

अलसी (फ्लैक्स सीड्स)

अलसी (फ्लैक्स सीड्स) शायद सभी बिजो में सबसे स्वास्थ्यप्रद हैं। इन्हें सुपरफूड की प्रतिष्ठा मिली है क्योंकि ये कैंसर से लड़ने वाले लिग्नांस नामक पॉलीफेनोल्स, अल्फा-लिनोलेनिक एसिड (एएलए) नामक ओमेगा-3 फैट और फाइबर से भरे हुए हैं। अलसी में किसी भी अन्य प्लांट फूड की तुलना में लगभग 100 गुना अधिक लिग्नांस होता है, जो स्तन कैंसर, पेट के कैंसर और प्रोस्टेट कैंसर से बचाने में मदद करता है। वे एक प्रकार के ओमेगा-3 फैट (अल्फा-लिनोलेनिक एसिड (ALA)) के सबसे अच्छे स्रोतों में से एक हैं। ओमेगा-3 में उच्च होने के कारण, वे अपनी एंटी-इन्फ्लेमेटरी एक्शन के माध्यम से हृदय रोग, स्ट्रोक और डायबिटीज़ के रिस्क को कम करने में मदद करते हैं। ओमेगा-3 फैटी एसिड (अल्फा-लिनोलेनिक एसिड) लिग्नांस के साथ शरीर में प्रो-इंफ्लेमेटरी एजेंट (सूजन करने वाले एजेंट) के रिलीज़ को रोकता है और इन्फ्लेमेशन को कम करता है। अलसी के एंटी-कैंसर गुण उनमे मौजूद लिग्नांस के कारण होते हैं जो हार्मोन मेटाबोलिज्म (उपापचय) में शामिल एंजाइमों को रोककर कैंसर सेल्स के विकास, आकार और प्रसार को दबाते हैं।

मुझे एक दिन में कितना अलसी खाना चाहिए?

एक दिन में एक चम्मच (10 g-15 g) अलसी।

अलसी खाने का सबसे अच्छा तरीका क्या है?

इन्हें सूखा भून कर पीस लें। रोटी के आटे में पिसी हुई अलसी डालें।

किसे अलसी नहीं खाना चाहिए?

आज तक इसका कोई साइड इफेक्ट नहीं पाया गया है, इसलिए अलसी का सेवन सभी के लिए सुरक्षित है। याद रखें कि संयम ही स्वास्थ्य की कुंजी है। अलसी का बहुत कम पानी के साथ सेवन करने से कब्ज की समस्या बढ़ सकती है और आंतों में रुकावट हो सकती है, इसलिए अलसी को खूब पानी के साथ लें।

शकरकंद

शकरकंद बीटा कैरोटीन के सबसे अच्छे स्रोतों में से एक है। बीटा कैरोटीन शरीर में विटामिन ए में परिवर्तित हो जाता है और आँखों के स्वास्थ्य को बढ़ावा देने के साथ-साथ इम्युनिटी को भी बढ़ाता

है। बीटा कैरोटीन एक शक्तिशाली एंटीऑक्सिडेंट के रूप में कार्य करता है जो आपके सेल डैमेज को कम करता है और कैंसर से जुड़े फ्री रेडिकल्स से होने वाले नुकसान को रोकता है। शकरकंद के उच्च फाइबर कब्ज से राहत दिलाते हैं और पाचन तंत्र के स्वास्थ्य को बढ़ावा देते हैं। इनमें मौजूद एंथोसायनिन पिग्मेंट (विशेष रूप से बैंगनी-रंग वाले शकरकंद) शरीर में इन्फ्लेमेशन को रोकने और कम करने में मदद करते हैं।

शकरकंद मैग्नीशियम और पोटेशियम से भरपूर होते हैं, ये दोनों ही ब्लड प्रेशर को कम करने और हृदय रोगों के खतरे को कम करने के लिए आवश्यक हैं।

शकरकंद में मौजूद उच्च फाइबर और मैग्नीशियम डायबिटीज़ के खतरे को कम कर सकते हैं। इसके अलावा, शकरकंद के सेवन से ब्लड शुगर के स्तर को नियंत्रित करने में मदद मिलती है, खासकर डायबिटीज़ वाले लोगों में इसके उच्च अघुलनशील फाइबर इंसुलिन संवेदनशीलता को बढ़ाते है। अन्य स्टार्चयुक्त खाद्य पदार्थों के विपरीत, शकरकंद ग्लाइसेमिक इंडेक्स (जीआई) पैमाने पर कम है जिसका अर्थ है कि ये ब्लड में शुगर को धीरे-धीरे और स्थिर रूप से छोड़ता है, जिससे ब्लड शुगर के स्तर को नियंत्रित रखने में सहायता मिलती है।

मुझे एक दिन में कितने शकरकंद खाने चाहिए?

एक दिन में एक मध्यम शकरकंद आपके विटामिन ए के दैनिक संस्तुत (रेकमेंडेड) सेवन को पूरा करने के लिए पर्याप्त है।

शकरकंद पकाने का सबसे अच्छा तरीका क्या है?

शकरकंद से अधिक से अधिक पोषण प्राप्त करने के लिए, इन्हें छीलें नहीं, बस धो लें और पकाने से पहले अच्छी तरह से साफ़ कर लें।

इन्हें उबाला जा सकता है, भाप में पकाया जा सकता है और बेक किया जा सकता है। उबले हुए या भाप में पके हुए शकरकंद बेक्ड शकरकंद के अधिक स्वस्थ होते हैं क्योंकि बेकिंग में शकरकंद की शुगर रिलीज़ होती है, जिससे रक्त में शुगर का स्तर बढ़ सकता है।

किसे शकरकंद नहीं खाना चाहिए?

जिन लोगों को किडनी में पथरी है या पथरी विकसित होने का खतरा है या जो डायलिसिस पर हैं, उन्हें शकरकंद का कम सेवन करना चाहिए। ऐसा इसलिए है क्योंकि शकरकंद में पोटैशियम की मात्रा अधिक होती है। जब आपको किडनी की बीमारी होती है, तो आपकी किडनी अतिरिक्त पोटैशियम नहीं निकाल पाती है और आपके रक्त में बहुत अधिक पोटैशियम रह जाता है, जो नुकसानदेह है।

गाय का दूध

आपको हर दिन दूध पीना चाहिए क्यों कि गाय का दूध एक संपूर्ण भोजन है यानी इसमें वह सभी पोषक तत्व मौजूद हैं जो आपके स्वस्थ शरीर के लिए आवश्यक है। गाय का दूध प्रोटीन, कैल्शियम, पोटेशियम, विटामिन ए, विटामिन बी और फॉस्फोरस से भरपूर होता है। जब आपको भूख लगे तो एक गिलास गाय के दूध पिए, यह आपको अगले 2-3 घंटे तक ऊर्जा देने के लिए पर्याप्त है।

आइए देखें कि क्यों दूध आपके स्वास्थ्य के लिए इतना अच्छा है:

प्रोटीन, अमीनो एसिड कंपाउंड्स के गठबंधन से बनता है। सामान्य कामकाज को बनाए रखने के लिए आपके शरीर को भोजन के माध्यम से नौ आवश्यक अमीनो एसिड लेने की आवश्यकता होती है। सभी प्रोटीन स्रोतों को उच्च गुणवत्ता वाला पूर्ण प्रोटीन नहीं माना जाता है क्योंकि सभी प्रोटीन युक्त खाद्य पदार्थों में सभी नौ आवश्यक अमीनो एसिड नहीं होते हैं। दूध कैसिइन (80%) और व्हेय (20%) प्रोटीन का एक अच्छा स्रोत है। दोनों को पूर्ण प्रोटीन माना जाता है क्योंकि दोनों में सभी नौ आवश्यक अमीनो एसिड होते हैं जो आपके शरीर के अच्छे स्वास्थ्य को बनाए रखने के लिए आवश्यक हैं।

दूध कैल्शियम का उत्कृष्ट स्रोत है, जो स्वस्थ हड्डियों और दांतों के निर्माण और बोन मास को बनाए रखने के लिए आवश्यक है। दूध में विटामिन डी की मौजूदगी से शरीर में कैल्शियम का अब्सॉर्प्शन बढ़ जाता है। विटामिन डी के साथ कैल्शियम आपको ऑस्टियोपोरोसिस से बचाता है। दूध में मौजूद मैग्नीशियम और पोटैशियम किडनी और दिल के काम करने में मदद करते हैं और उच्च ब्लड प्रेशर और हृदय रोगों को रोकते हैं।

दूध एक संपूर्ण पैकेज है, आप एक ही सुविधाजनक स्रोत से सभी आवश्यक पोषक तत्व प्राप्त कर सकते हैं। यदि आप वेगन होने की सोच रहे हैं, तो ध्यान रखें कि किसी भी एक वेगन खाद्य स्रोत में दूध के सभी पोषक तत्वों का होना कठिन है। अधिकांश वेगन स्रोत फोर्टीफाइड होते हैं अर्थात उनमें अतिरिक्त पोषक तत्व अलग से डाला जाता है, और ये पोषक तत्व उनमें प्राकृतिक रूप से मौजूद नहीं होते हैं, इसलिए मूल रूप से, ये प्राकृतिक स्रोत नहीं हैं। इसके अलावा, जब आप वेगनिस्म का पालन करते हैं तो आपको शरीर की दैनिक विटामिन और मिनरल्स की आवश्यकता को पूरा करने के लिए सप्लीमेंट्स की आवश्यकता पड़ती है, जो एक प्रभावी तरीका है लेकिन प्राकृतिक तरीका नहीं है। जो कुछ भी प्राकृतिक नहीं है, उस पर लंबे समय तक निर्भर रहने की सलाह नहीं दी जाती है।

दूध के उत्पाद जिन्हें आपको अपने आहार में शामिल करना चाहिए:

गाय का दूध (स्वास्थ्य के लिए सर्वोत्तम), कम फैट वाली दही, छाछ, पनीर और गाय के दूध का घी।

दूध के उत्पाद जिससे आपको परहेज़ करना चाहिए:

हैवी क्रीम, प्रोसेस्ड चीज़, और फुल फैट वाले डेयरी उत्पाद।

मुझे एक दिन में कितना दूध और दूध से बने उत्पादों का सेवन करना चाहिए?

250 मिली गाय का दूध और 2-3 दूध के उत्पाद (दही, पनीर)।

किसे दूध नहीं लेना चाहिए?

यदि आप लैक्टोज इन्टॉलरेंट (दूध में मौजूद लैक्टोज को पचाने में असमर्थ) हैं, तो आपको दूध से परहेज़ करना चाहिए। लैक्टोज फ्री

गाय का दूध एक अन्य विकल्प है जिसमें दूध के सभी पोषक तत्व होते हैं, लेकिन यह लैक्टोज से मुक्त होता है। लैक्टोज फ्री गाय का दूध, गाय के दूध में लैक्टेज एंजाइम मिलाकर बनाया जाता है, जो लैक्टोज को ग्लूकोज में तोड़ देता है और इसे लैक्टोज फ्री बनाता है। इसे लैक्टोज-इन्टॉलरेंट लोगों द्वारा आसानी से पचाया जा सकता है।

बारिश के मौसम में दूध और दूध से बने उत्पादों की खपत को सीमित करें। भले ही आप लैक्टोज इन्टॉलरेंट नहीं हैं फिर भी बहुत अधिक दूध और दूध के उत्पाद का सेवन पेट की समस्याओं को बढ़ा सकता है और उलटी, दस्त और पेट दर्द का कारण बन सकता है। इसलिए इनका मॉडरेशन में सेवन करें।

अगर आपको खांसी है, तो दूध और दूध से बने उत्पादों का सेवन सीमित करें। रात में दूध न लें। दूध कफ के उत्पादन को नहीं बढ़ाता है, लेकिन यह आपके मौजूदा कफ को गाढ़ा बना सकता है, आपके गले में जलन पैदा कर सकता है और खांसी को बढ़ा सकता है।

कच्चा लहसुन

लहसुन एक एडाप्टोजेन है जिसका अर्थ है कि यह पर्यावरणीय परिवर्तनों के जवाब में शरीर में एक स्थिर आंतरिक वातावरण बनाए रखता है। यह शरीर के तापमान, ब्लड शुगर, ब्लड प्रेशर, पीएच संतुलन और इम्यून सिस्टम के इष्टतम कामकाज को सुनिश्चित करता है। यही कारण है कि प्रारंभ में लहसुन का प्रयोग औषधीय प्रयोजनों के लिए ही किया जाता था। लहसुन के अधिकांश शक्तिशाली औषधीय गुण एलिसिन के कारण होते हैं। एलिसिन एक सल्फर कंपाउंड है जो लहसुन को तीखी गंध देता है। एलिसिन के साथ समस्या यह है कि यह लहसुन से तभी निकलता है जब आप लहसुन को कुचलते या काटते हैं। एलिसिन बहुत अस्थिर होता है, जिसका अर्थ है कि आपको लहसुन काटने के तुरंत बाद इसका उपयोग करना चाहिए। कुचले हुए लहसुन में मौजूद एलिसिन उच्च तापमान में नष्ट हो जाता है। इसलिए स्वास्थ्य लाभ के लिए ताजा कच्चा लहसुन खाएँ।

लहसुन आंत और पेट के कैंसर से भी बचाता है। यह वैज्ञानिक रूप से सिद्ध है कि लहसुन के सल्फर कंपाउंड ट्यूमर, ट्यूमर के माइक्रो एन्वायरॉनमेंट और कैंसर सेल्स के जैविक व्यवहार को बदल देते हैं। लहसुन कैंसर (विशेष रूप से पेट और आंत के कैंसर) के खतरे को कम करता है।

लहसुन में प्राकृतिक एंटीऑक्सिडेंट होते हैं जो शरीर से कम घनत्व वाले लिपोप्रोटीन कोलेस्ट्रॉल (एलडीएल) को कम करते हैं और रक्त को पतला करके आपको हृदय रोग से बचाते हैं और ब्लड सर्कुलेशन में सुधार करते हैं। लहसुन शरीर में नाइट्रिक ऑक्साइड के उत्पादन को बढ़ाकर रक्त वाहिकाओं (ब्लड वैसल्स) को चौड़ा करता

है, जिससे सिस्टोलिक और डायस्टोलिक दोनों ब्लड प्रेशर को कम करने में मदद मिलती है।

लहसुन के एंटीबैक्टीरियल और एंटिफंगल गुण संक्रमण से लड़ने में मदद करते हैं और इम्यून सिस्टम के कार्य को बढ़ावा देते हैं। तो मूल रूप से, यह सब्जी (हाँ, यह सब्जी है, जड़ी बूटी या मसाला नहीं) वास्तव में आपको कई बीमारियों से बचा सकती है। अपने आहार में कच्चे लहसुन को शामिल करने का समय आ गया है!

मुझे लहसुन कैसे लेना चाहिए?

रोज सुबह खाली पेट ताजा कुचली हुई लहसुन की एक कली खाएँ। एक बार में कच्चे लहसुन की एक कली से अधिक न खाएँ। लहसुन को ज्यादा देर तक मुँह में न रखें। इससे जलन हो सकती है। सर्दियों में लहसुन (कच्चा और पका हुआ) खूब खाएँ, सूप या स्प्रिंग रोल में डालें। गर्मी के मौसम में लहसुन का सेवन सीमित करें। गर्मियों में लहसुन का अधिक सेवन करने से इसकी गर्मी पैदा करने वाली प्रकृति के कारण मुंहासे और मुँह में छाले हो सकते हैं।

मुझे लहसुन से कब परहेज़ करना चाहिए?

अगर आपको अल्सर, कोलाइटिस, एसिडिटी या सीने में जलन की समस्या है, तो लहसुन का सेवन सीमित करें।

स्वास्थ्य लाभ के लिए कितना लहसुन पर्याप्त है?

रोजाना खाली पेट कच्चे लहसुन की एक कली (कुटी हुई) पर्याप्त है। अगर आपको गर्मी, अल्सर या खट्टी डकार का अनुभव होता है, तो इसे रोजाना की बजाय हफ्ते में दो या तीन बार ही खाएँ।

स्प्राउट्स (अंकुरित)

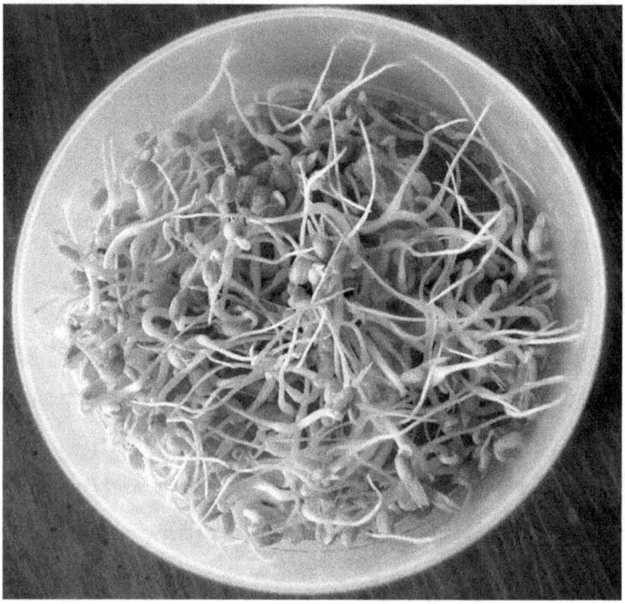

स्प्राउट्स किफायती, सुरक्षित और आसानी से उगाए जाने वाले पोषक तत्वों से भरपूर सुपरफूड हैं। अंकुरित करने की प्रक्रिया कच्चे फलियों और सब्जियों की तुलना में पोषण को 100 गुना तक बढ़ा सकती है।

जिन लोगों को कुछ खाद्य पदार्थों को पचाने में कठिनाई होती है, उनके लिए अंकुरित अनाज एक बेहतर विकल्प है। इसका कारण यह है कि अंकुरित प्रक्रिया भोजन के प्रोटियोलिटिक एंजाइम के मात्रा को बढ़ाती है, जो स्टार्च को सरल कार्बोहाइड्रेट में, प्रोटीन को अमीनो एसिड में और फैट को फैटी एसिड में तोड़ देता है। इसलिए, आपके पाचन तंत्र को उन्हें तोड़ने की जरूरत नहीं पड़ती और यह

इन पोषक तत्वों को अधिक बायोअवेलेबल (अर्थ महत्वपूर्ण शब्दावली खंड में देखें) और आसानी से पचने योग्य बनाता है।

अंकुरित आपके लिए क्यों फायदेमंद है? क्योंकि अंकुरित करने से फलियों और सब्जियों का पोषण मूल्य बढ़ता है, एंजाइम अवरोधक में घटौती होती है और स्वस्थ यौगिक अनलॉक होते हैं। विटामिन, मिनरल्स, अमीनो एसिड, आवश्यक फैटी एसिड और एंटीऑक्सिडेंट के उच्च स्तर की बायोअवेलेबिलिटी आपके शरीर को एल्कलाइन बनाती है। पीएच (एल्कलाइन के और) बढ़ने से रोग को रोकने के लिए आपकी इम्यून सिस्टम की क्षमता बढ़ जाती है।

कीटनाशक, खाद्य योजकों और अन्य रसायनों के संपर्क को कम करने के लिए अपने घर पर ही स्प्राउट्स उगाएँ। स्प्राउट्स की कई अलग-अलग किस्में हैं, जिनमें मूंग, काले चने, दाल, गेहूँ के स्प्राउट्स, अल्फाल्फा, मूली के बीज और ब्रोकोली शामिल हैं।

मुझे एक दिन में कितना स्प्राउट्स खाना चाहिए?

एक दिन में एक कटोरी अलग-अलग तरह के स्प्राउट्स खाएँ। आपको हर दिन एक जैसे स्प्राउट्स खाने की ज़रूरत नहीं है, हर स्प्राउट्स को बारी-बारी से या हर तीन दिन में खाएँ, लेकिन हर दिन एक कटोरी स्प्राउट्स खाने की कोशिश करें।

स्प्राउट्स खाने का सबसे अच्छा तरीका क्या है?

इन्हें कच्चा खाने से सारे पोषक तत्व आपको अच्छे से मिलेंगे। इनका स्वाद बढ़ाने के लिए इसमें बारीक कटा हुआ खीरा, प्याज, टमाटर, ताजा निचोड़ा हुआ नींबू का रस, काला नमक और काली मिर्च मिलाएँ।

स्प्राउट्स किसे नहीं खाना चाहिए?

यदि आप बाजार से खरीदे हुए स्प्राउट्स (जिसकी मैं बिल्कुल सलाह नहीं दूँगी) खा रहे हैं, तो उन्हें कच्चा न खाएँ। साल्मोनेला, लिस्टेरिया, या ई. कोलाई से होने वाले फूड पॉइज़निंग के जोखिम को कम करने के लिए उन्हें पूरी तरह गर्म होने तक अच्छी तरह पकाएँ। बाजार से खरीदे गए अंकुरित अनाज खेत से टेबल तक के सफर में कहीं भी दूषित हो सकते हैं। कमजोर इम्यून सिस्टम वाले लोगों को पके हुए स्प्राउट्स ही खाना चाहिए और किसी भी प्रकार के कच्चे या हल्के पके हुए स्प्राउट्स नहीं खाना चाहिए, इससे फूड पॉइजनिंग हो सकती है।

पालक

पालक को अपने एंटी-इंफ्लेमेटरी और एंटीऑक्सीडेंट गुणों के कारण सुपरफूड कहा जाता है। यह आयरन, विटामिन K, प्रोटीन, कैल्शियम, मैग्नीशियम और पोटेशियम से भरपूर होते हैं जो आपके शरीर को कई तरह की बीमारियों से बचाते हैं। विटामिन K घाव भरने और हड्डियों के स्वास्थ्य के लिए एक महत्वपूर्ण कारक है और

पालक विटामिन K का एक महत्वपूर्ण स्रोत है। पालक कैरोटेनॉयड्स नामक फायदेमंद एंटीऑक्सीडेंट से भरपूर होते हैं, जो आपके इम्यून सिस्टम को बूस्ट करते हैं। इसमें तीन अलग-अलग प्रकार के कैरोटीनॉयड होते हैं: बीटा कैरोटीनॉयड, ल्यूटिन और ज़ेक्सैन्थिन।

बीटा कैरोटीनॉयड शरीर में विटामिन ए में परिवर्तित हो जाता है और दृष्टि, रोग प्रतिरोधक क्षमता और प्रजनन प्रणाली को स्वस्थ बनाए रखने में महत्वपूर्ण भूमिका निभाता है। ल्यूटिन और ज़ेक्सैन्थिन एक हल्के फिल्टर के रूप में कार्य करते हैं, जो आपकी आँखों के टिश्यूज़ को सूरज की यूवी किरणों से बचाते हैं।

पालक में पोटेशियम का उच्च स्तर, फोलेट के साथ, ब्लड वैसल्स को आराम देता है और आपके ब्लड प्रेशर को कम करता है। पालक शरीर को नाइट्रिक ऑक्साइड बनाने में भी मदद करता है। नाइट्रिक ऑक्साइड एक प्राकृतिक वैसोडाइलेटर है जो ब्लड वैसल्स को चौड़ा करके ब्लड प्रेशर को कम करता है।

अक्सर टाइप-2 डायबिटीज़ वाले लोगों में मैग्नीशियम का स्तर कम होता है। पालक में कैलोरी बहुत कम होती है और इसका ग्लाइसेमिक इंडेक्स भी कम होता है। इसके अतिरिक्त, इसमें प्रचुर मात्रा में मैग्नीशियम पाया जाता है। मैग्नीशियम ब्लड में शुगर को कम करने में मदद करता है और आपको टाइप-2 डायबिटीज़ से बचा सकता है।

पालक खाने का सबसे अच्छा तरीका क्या है?

जितना अधिक आप पालक को पकाएंगे, उतना ही यह अपने पोषक तत्वों को खो देगा। पालक को या तो भूनें या ब्लांच (उबलते पानी या भाप में थोड़े समय के लिए पकाना) करें, लेकिन 1 मिनट से

अधिक के लिए ब्लांच न करें। ब्लाँचिंग करते समय नींबू का रस मिलाएँ, इससे आपके शरीर में पोषक तत्वों का अब्सॉर्प्शन बढ़ेगा, और आपको पूरा स्वास्थ्य लाभ मिलेगा।

पालक किसे नहीं खाना चाहिए?

अगर आपको किडनी स्टोन है या आपको किडनी स्टोन होने का रिस्क है तो पालक का सेवन सीमित करें क्योंकि पालक में कैल्शियम और ऑक्सालेट दोनों की मात्रा अधिक होती है जो किडनी स्टोन का कारण बन सकती है।

इसके अतिरिक्त, यदि आप रक्त को पतला करने वाली दवा ले रहे हैं, तो अपने डॉक्टर और फार्मासिस्ट को अपने पालक के सेवन के बारे में अवश्य बताएँ। पालक में विटामिन K की मात्रा अधिक होती है जो रक्त में क्लॉटिंग को बढ़ावा देती है और आपकी रक्त को पतला करने वाली दवा की प्रभावशीलता को कम कर सकती है।

ड्राई फ्रूट्स (मेवे)

आपने यह 1000 बार सुना होगा कि आपको रोजाना ड्राई फ्रूट्स खाना चाहिए! लेकिन क्या आप इसका पालन करते हैं? अगर नहीं, तो अब समय आ गया है कि हर दिन ड्राई फ्रूट्स खाना शुरू कर दें! हर दिन ड्राई फ्रूट्स खाने से समग्र स्वास्थ्य को बढ़ावा मिलता है जो एक स्वस्थ, रोग मुक्त लंबे जीवन को सुनिश्चित करता है। नट्स जैसे बादाम, अखरोट और पिस्ता में हृदय के लिए लाभकारी मोनोअनसैचुरेटेड और पॉलीअनसेचुरेटेड फैट्स और फ्लेवोनोइड्स और विटामिन ई जैसे एंटीऑक्सिडेंट होते हैं। शोध से पता चला है कि मूंगफली सहित नट्स के अधिक सेवन से स्तन कैंसर का खतरा दो से तीन गुना कम हो जाता है।

ड्राई फ्रूट्स फाइबर और मैग्नीशियम से भरपूर होते हैं, जो ब्लड शुगर और इंसुलिन के स्तर को स्थिर करने में मदद करते हैं। ड्राई फ्रूट्स टाइप-2 डायबिटीज़ के बढ़ने के खतरे को कम करते हैं।

खजूर में आयरन और पोटैशियम होता है और इसमें सोडियम की मात्रा कम होती है, जो सामान्य ब्लड प्रेशर को बनाए रखने में मदद करता है और स्ट्रोक के खतरे को कम करता है।

अंजीर कैल्शियम का अच्छा स्रोत हैं। अंजीर एंडोक्राइन, प्रतिरक्षा, श्वास, पाचन और प्रजनन प्रणाली जैसी शारीरिक प्रणालियों को नियंत्रण में रखता है।

बादाम विटामिन ई, प्रोटीन और मोनोअनसैचुरेटेड फैट का एक उत्कृष्ट स्रोत हैं। बादाम भूख को कम करके और आपका पेट लंबे समय तक भरा हुआ महसूस करा कर वजन घटाने में मदद करता है। बादाम के स्वस्थ फैट और एंटीऑक्सीडेंट ब्लड प्रेशर और कोलेस्ट्रॉल और शुगर के स्तर को कम करते हैं।

अखरोट न केवल मस्तिष्क की तरह दिखता है, बल्कि उनमें वास्तव में ओमेगा-3 फैटी एसिड जैसे मस्तिष्क को बढ़ावा देने वाले पॉलीफेनोलिक कंपाउंड्स होते हैं। पॉलीफेनोल्स (इसका अर्थ महत्वपूर्ण शब्दावली खंड में देखें) को महत्वपूर्ण मस्तिष्क भोजन माना जाता है जो मस्तिष्क विकारों को रोकते हैं।

काजू जिंक से भरपूर होता है, जो इम्युनिटी को बढ़ाता है और डायहाइड्रोटेस्टोस्टेरोन (DHT) के निर्माण को रोककर पुरुष पैटर्न गंजेपन और प्रोस्टेट वृद्धि को रोकता है।

मुझे एक दिन में कितने ड्राई फ्रूट्स खाना चाहिए?

बादाम, अखरोट, काजू, पिस्ता, खजूर, किशमिश और अंजीर सहित हर दिन मुट्ठी भर अलग-अलग ड्राई फ्रूट्स खाएँ। आवृत्ति मायने रखती है, इसलिए इन्हें हर दिन खाना महत्वपूर्ण है, भले ही मात्रा मुट्ठी भर से कम हो।

ड्राई फ्रूट्स खाने का सबसे अच्छा तरीका क्या है?

नट्स में फाइटिक एसिड होता है जो अब्सॉर्प्शन को कम करके नट्स के पोषण मूल्य को कम करता है, इसलिए फाइटिक एसिड को हटाने का सबसे अच्छा तरीका भिगोना है। एक मुट्ठी ड्राई फ्रूट्स रात भर पानी में भिगो दें और अगली सुबह इन्हें खा लें।

ड्राई फ्रूट्स किसे नहीं खाना चाहिए?

आपको सर्दियों में ड्राई फ्रूट्स खूब खाने चाहिए लेकिन गर्मी के मौसम में ड्राई फ्रूट्स का सेवन सीमित करें। ड्राई फ्रूट्स शरीर में गर्मी पैदा करते हैं, सर्दियों में ये आपको गर्म रखते हैं, जबकि गर्मियों में इनके अधिक सेवन से आपको मुंहासे, अल्सर और एसिडिटी हो सकती है।

नोट: स्वस्थ बालों के राज़ पुस्तक में जानें कि आप अपने बालों की समस्याओं का स्थायी समाधान कैसे पा सकते हैं।

तुलसी के पत्ते

तुलसी एक सुपरफूड है क्योंकि यह एक इम्युनोमोड्यूलेटर (प्रतिरक्षा प्रणाली के कामकाज को संशोधित करता है) और एडाप्टोजेन (शरीर को शारीरिक और मानसिक तनाव के अनुकूल बनाता है और समग्र शारीरिक प्रक्रियाओं को सामान्य बनाये रखता है) है। तुलसी ब्लड शुगर, कोलेस्ट्रॉल और ट्राइग्लिसराइड्स को कम करती है।

तनाव से हाई ब्लड प्रेशर, डायबिटीज़, हृदय रोग, अल्जाइमर (भूलने की बीमारी) रोग, डिप्रेशन, मोटापा और पेट संबंधी समस्याओं के विकसित होने या स्थिति बिगड़ने का खतरा बढ़ता है। तुलसी के एडाप्टोजेन के साथ एंटी-इंफ्लेमटरी गुण तनाव, चिंता, डिप्रेशन को कम करने में मदद करते हैं, और एम्नेसिआ (स्मृति लोप होना) और

डेमेंशिया (मनोभ्रम) सहित दिमागी विकारों को रोकने और उनका इलाज करने में बहुत प्रभावी होते हैं। तुलसी के कोशिकाओं को क्षति से बचाने, तनाव को कम करने और इन्फ्लेमेशन को कम करने के गुण, याददाश्त को बढ़ाते हैं और मस्तिष्क के कार्य में सुधार करते हैं। इसी वजह से तुलसी एक प्राकृतिक मेमरी टॉनिक के रूप में जानी जाती है।

तुलसी के पत्तों के नियमित सेवन से वायरल इंफेक्शन से बचा जा सकता है। शोध इस बात की पुष्टि करते हैं कि तुलसी में प्रतिरक्षा प्रणाली के कामकाज को संशोधित करने वाले प्रभाव होते हैं। यह अनुकूली प्रतिरक्षा प्रणाली के कॉम्पोनेन्ट टी-हेल्पर सेल्स और जन्मजात प्रतिरक्षा प्रणाली के कॉम्पोनेन्ट एनके-सेल्स (प्राकृतिक किलर सेल्स) के प्रतिशत को बढ़ाती है। ये सेल्स पैथोजन को खत्म करने और वायरल संक्रमण से लड़ने में मदद करते हैं।

शोध से पता चलता है कि तुलसी के पत्ते एंटीडायबिटिक दवाओं के रूप में ब्लड शुगर को कम करने में प्रभावी होते हैं। तुलसी के पत्तों में हाइपोग्लाइसेमिक गुण होते हैं, जिससे ये ब्लड शुगर के स्तर को कम करते हैं और इंसुलिन संवेदनशीलता में सुधार करते हैं। तुलसी का एसेंशियल ऑयल कोलेस्ट्रॉल और ट्राइग्लिसराइड के स्तर को कम करके टाइप-2 डायबिटीज़ के खतरे को कम करता है।

मुझे एक दिन में कितनी तुलसी खानी चाहिए?

अपने दिन की शुरुआत दो से तीन तुलसी के ताजे पत्तों के सेवन के साथ करें। ध्यान रखें की तुलसी के पत्तों को चबा कर न खाएँ क्यों कि तुलसी के पत्तों में पारा होता है, जो दांतों को नुक्सान पहुँचाता है।

तुलसी के पत्ते खाने का सबसे अच्छा तरीका क्या है?

अपनी सुबह की ग्रीन टी में तुलसी के 2-3 ताजे पत्ते मिलाएँ। अपने घर पर तुलसी उगाने के लिए आपको ज्यादा विशेषज्ञता की जरूरत नहीं है।

तुलसी के पत्ते किसे नहीं खाना चाहिए?

यदि आप एसिटामिनोफेन या पैरासिटामोल (दर्द निवारक) जैसी दवाएँ ले रहे हैं तो तुलसी का सेवन सीमित करें। यदि आप तुलसी के पत्तों का खूब सेवन कर रहे हैं और पैरासिटामोल भी ले रहे हैं, तो ये दोनों एक साथ मिलकर काम करते हैं और असर दोगुना कर देतें हैं जिससे आपके लीवर की कार्यप्रणाली प्रभावित होती है।

निष्कर्ष

अब जब आप उन खाद्य पदार्थों के बारे में जान गए हैं जो प्राकृतिक रूप से आपको बीमारियों से बचा सकते हैं तो क्या आपको उनके सप्लीमेंट्स को चुनना चाहिए? हर्गिज नहीं। प्राकृतिक खाद्य पदार्थों के स्थान पर सप्लीमेंट्स की सलाह कभी नहीं दी जाती है। ऐसा इसलिए है क्योंकि सप्लीमेंट्स में ऐसे तत्व होते हैं जिनका शरीर में भारी जैविक प्रभाव होता है। उनकी खुराक आपके द्वारा पहले से ली जा रही दवाओं में हस्तक्षेप कर सकती है, जिसके कभी-कभी हानिकारक परिणाम हो सकते हैं। कुछ सप्लीमेंट्स का बहुत अधिक सेवन करने से जानलेवा परिणाम हो सकते हैं। आपको अपने आहार में विभिन्न प्राकृतिक खाद्य पदार्थों को शामिल करना चाहिए, न कि मानव निर्मित खाद्य पदार्थों को, इसलिए सुपरफूड की जगह में सप्लीमेंट्स लेना ठीक नहीं है।

3

इम्यूनिटी बढ़ाने के लिए 10 पावर फूड्स

अपने इम्यून सिस्टम (प्रतिरक्षा प्रणाली) को स्वस्थ रखने का सीधा मतलब है खुद को कई बीमारियों से बचाना। सर्दियों में सर्दी-जुकाम होना काफी आम है लेकिन क्या आपने कभी सोचा है कि क्यों कुछ लोगों को फ्लू हो जाता है जबकि दूसरों को नहीं। वजह है उनकी इम्युनिटी (रोग प्रतिरोधक क्षमता)। कुछ लोगों का इम्यून सिस्टम प्राकृतिक रूप से मजबूत होता है, जबकि अन्य का कमजोर होता है।

इससे कोई फर्क नहीं पड़ता कि आपकी इम्युनिटी प्राकृतिक रूप से मजबूत है या कमजोर, आप निश्चित रूप से कुछ पावर फूड्स के साथ अपनी इम्युनिटी को बढ़ा सकते हैं। यह न सिर्फ आपको सर्दी-जुकाम से बचाएगा बल्कि यह आपको कई बीमारियों से भी बचाएगा।

जब इम्युनिटी की बात आती है, तो जिन पाँच प्रमुख पोषक तत्वों को ध्यान में रखा जाना चाहिए, वे इस प्रकार हैं:

विटामिन सी आपकी इम्युनिटी को बढ़ाने के लिए सबसे महत्वपूर्ण पोषक तत्व है। विटामिन सी इम्यून सिस्टम के विभिन्न सेलुलर कार्यों का समर्थन करता है, इस प्रकार इम्यून सिस्टम के कार्यों में योगदान देता है।

विटामिन ए इम्यून सिस्टम को बढ़ावा देता है और साथ ही इसे नियंत्रित करता है। इसलिए यह इम्यून सिस्टम के कार्य क्षमता को बढ़ाता है और कई संक्रामक रोगों के खिलाफ एक उन्नत रक्षा प्रदान करता है।

विटामिन ई एक शक्तिशाली एंटीऑक्सीडेंट है और इम्यून सिस्टम के कार्यों को संशोधित कर सकता है। अध्ययनों से पता चलता है कि विटामिन ई कम इम्युनिटी वाले वृद्ध लोगों की इम्युनिटी में सुधार करता है।

ओमेगा-3 फैटी एसिड एंटी-इंफ्लेमेटरी हैं यानी वे शरीर में इन्फ्लेमेशन या सूजन को रोकते हैं।

जिंक एक आवश्यक मिनरल है जो इम्युनिटी में मध्यस्थता करने वाली कोशिकाओं के सामान्य विकास और कार्य के लिए महत्वपूर्ण है।

इम्युनिटी को बनाए रखने और बढ़ाने के लिए ये पाँच पोषक तत्व महत्वपूर्ण हैं। इनमें से किसी भी पोषक तत्व की कमी आपकी इम्यून सिस्टम को कमजोर कर सकती है। जिंक, ओमेगा-3, विटामिन ए, सी और ई से भरपूर खाद्य पदार्थ खाने से आपको एक मजबूत इम्यून सिस्टम बनाने में मदद मिलती है। आइए देखें कि किन पावर फूड्स में इन महत्वपूर्ण पोषक तत्वों की प्रचुरता है।

आपकी इम्युनिटी को बढ़ावा देने के लिए नीचे 10 खाद्य पदार्थ दिए गए हैं, जिन्हें रोग मुक्त और स्वस्थ जीवन के लिए अपने आहार में शामिल करना शुरू करें:

1. खट्टे फल (साइट्रस फ्रूट)

अगर आप इम्युनिटी के बारे में सोचते हैं, तो आपके दिमाग में सबसे पहला नाम विटामिन सी का आता है! और आये भी क्यों नहीं? इम्युनिटी की बात करें तो विटामिन सी वास्तव में सबसे अच्छा पोषक तत्व है। यह इम्यून सिस्टम की कमियों, त्वचा की झुर्रियों, हृदय रोग, नेत्र रोग आदि से बचाता है। विटामिन सी

सफेद रक्त कोशिकाओं (वाइट ब्लड सेल्स) के उत्पादन को बढ़ाता है, जो इम्यून सिस्टम का एक अनिवार्य हिस्सा हैं। ये वाइट ब्लड सेल्स शरीर पर आक्रमण करने वाले बैक्टीरिया और वायरस को मारकर संक्रमण से लड़ने की कुंजी हैं। नींबू और संतरे जैसे खट्टे फल विटामिन सी से भरपूर होते हैं।

खट्टे फल प्राकृतिक एंटीऑक्सीडेंट होते हैं जो इम्युनिटी को बढ़ाते हैं। इनमें एंटीवायरल और एंटी-बैक्टीरियल गुण होते हैं जो संक्रमण, और बैक्टीरिया के विकास को रोकते हैं और नौसिआ (उलटी आने के अहसास) से राहत दिलाते हैं।

एक गिलास गर्म पानी (250 मिली) में एक मध्यम नींबू निचोड़ें और इसे हर सुबह पियें। सेहतमंद रहने के लिए आपको रोजाना विटामिन सी की जरूरत होती है, इसलिए रोज सुबह सादे पानी की जगह नींबू पानी पीने की आदत डालें।

2. हल्दी

यह चमकीला पीला मसाला एक प्राकृतिक इम्युनोमोड्यूलेटर (इसका अर्थ महत्वपूर्ण शब्दावली खंड में देखें) है जो आपकी इम्युनिटी को बढ़ाता है। हल्दी के सक्रिय कंपाउंड करक्यूमिन के कई वैज्ञानिक रूप से सिद्ध स्वास्थ्य लाभ हैं। करक्यूमिन एक शक्तिशाली एंटीऑक्सिडेंट है और इसमें एंटी-इन्फ्लेमेटरी प्रभाव होते हैं। हल्दी न केवल आपकी इम्युनिटी को बढ़ाती है बल्कि रुमेटाइड आर्थराइटिस और ऑस्टियोआर्थराइटिस दोनों के इलाज में बहुत प्रभावी है। गर्म दूध (250 मिली) में एक बड़ा चम्मच हल्दी पाउडर मिलाएँ और इसे हर रात सोने से ठीक पहले पिएँ।

3. लहसुन

लहसुन एक एडाप्टोजन है, जिसका अर्थ है कि यह शरीर को विभिन्न पर्यावरणीय और मनोवैज्ञानिक तनावों को अनुकूलित करने में मदद करता है और सभी प्रमुख प्रणालियों, जैसे नर्वस सिस्टम, इम्यून सिस्टम और हार्मोनल सिस्टम को स्वस्थ बनाये रखने में

मदद करता है। यह ब्लड शुगर को नियंत्रित करता है, यदि वे बहुत अधिक हैं, तो यह इसे कम करता है और अगर कम है तो सामान्य करता है।

लहसुन में एलिसिन सक्रिय कंपाउंड होता है जो फ्लू से लड़ने की इम्यून सेल्स की क्षमता में सुधार करता है और संक्रमण के जोखिम को कम करता है। लहसुन में एंटी-इंफ्लेमेटरी, एंटी-बैक्टीरियल और एंटीवायरल गुण होते हैं जो कुछ बैक्टीरिया के विकास को रोकने और वायरल संक्रमण से लड़ने में मदद करते हैं।

रोजाना लहसुन की एक कली को खाली पेट लेने से न केवल आपकी इम्युनिटी बढ़ती है बल्कि आपके शरीर के सभी प्रमुख सिस्टम भी सामान्य हो जाते हैं। यदि आपका शरीर पहले से ही एसिडिक या गर्म प्रकृति का है तो इसका सेवन सप्ताह में 3 बार ही करें।

4. अदरक

अदरक में बायोएक्टिव पदार्थ जिंजरोल के एंटी-इंफ्लेमेटरी और एंटी-फंगल गुण होते हैं। यह संक्रमण के जोखिम को कम करने और गले में खराश से राहत दिलाने में मदद करता है। यह राइनोवायरस, ह्यूमन रेस्पिरेटरी सिंकाइटियल वायरस (HRSV) जैसे सर्दी और कई रेस्पिरेटरी संक्रमण का कारण बनने वाले वायरस से लड़ने में भी मदद करता है। अदरक एक शक्तिशाली एंटीऑक्सीडेंट है, यह प्राकृतिक रूप से आपकी इम्युनिटी को बढ़ाता है। सर्दी के मौसम में रोज सुबह अदरक की चाय पीने से आप गर्म रहते हैं और सर्दी-जुकाम आप से दूर रहती है।

5. अलसी (फ्लैक्स सीड्स)

अलसी (फ्लैक्स सीड्स) ओमेगा-3 फैट से भरपूर होती है, यह फैट आपके शरीर को बैक्टीरिया और वायरस से बचाने में मदद करते हैं और इससे आपकी इम्युनिटी में सुधार होता है। अलसी में डायटरी लिग्नांस की मात्रा सबसे अधिक होती है जो ट्यूमर कोशिकाओं के विकास और प्रसार को रोककर कैंसर से बचाने में मदद करते हैं। ये आयरन का भी एक बड़ा अच्छा स्रोत है जो सुनिश्चित करता है कि संक्रमण से लड़ने के लिए आपकी इम्यून सिस्टम को आवश्यक

ऑक्सीजन मिलती रहे। अलसी में मौजूद ओमेगा-3 फैटी एसिड शरीर में इन्फ्लेमेशन से लड़ते हैं और रुमेटाइड आर्थराइटिस, सोरायसिस और ल्यूपस जैसी इन्फ्लेमेशन संबंधी बीमारियों से बचाव करते हैं।

6. लाल और हरी शिमला मिर्च

अगर आपको लगता है कि संतरा या नींबू विटामिन सी का सबसे समृद्ध स्रोत है, तो आपको यह जानकार आश्चर्य होगा कि शिमला मिर्च में किसी भी खट्टे फल की तुलना में दोगुना विटामिन सी होता है। साथ ही वे बीटा कैरोटीन (जो आपके शरीर में विटामिन ए में परिवर्तित हो जाते हैं) के भी समृद्ध स्रोत होते है। शिमला मिर्च में विटामिन सी और विटामिन ए दोनों की उच्च मात्रा आपके इम्यून फंक्शन को बढ़ाती है और कई संक्रामक रोगों से बचाव करती है। विटामिन ए एक एंटी-इन्फ्लेमेटोरी विटामिन है जो आर्थराइटिस और कांटेक्ट डर्मेटाइटिस के इलाज और रोकथाम में मदद करता है। पकी हुई शिमला मिर्च खाएँ क्योंकि पकाने से शिमला मिर्च में विटामिन सी की मात्रा बढ़ जाती है।

7. काजू

काजू जिंक और तांबे का बड़ा अच्छा स्रोत है। जिंक रोग और संक्रमण से लड़ने में मदद करने वाले इम्यून सेल्स और एंटीऑक्सीडेंट एंजाइमों के उत्पादन में महत्वपूर्ण भूमिका निभाता है। काजू में एंटीऑक्सीडेंट प्रभाव होते हैं जो आपके शरीर को ऑक्सीडेटिव क्षति से लड़ने में मदद करते हैं। ये घाव भरने में तेजी लाते हैं क्योंकि वे विटामिन K से भरपूर होते हैं। काजू का विटामिन ई आपके शरीर में इन्फ्लेमेशन को कम करने में मदद करता है। गर्भवती महिलाओं को काजू जरूर खाना चाहिए क्योंकि ये बच्चे के विकास में मदद करता हैं।

8. पपीता

पपीते में एंटीऑक्सिडेंट और इम्यूनोस्टिमुलेंट प्रभाव होते हैं जो ऑक्सीडेटिव तनाव को कम करते हैं और इम्यून सिस्टम के कार्यों में सुधार करते हैं। पपीते में शक्तिशाली एंटीऑक्सिडेंट होते हैं जिन्हें कैरोटीनॉयड के रूप में जाना जाता है - विशेष रूप से लाइकोपीन।

कैरोटीनॉयड शरीर में विटामिन ए में परिवर्तित हो जाते हैं और इम्यून सिस्टम को विनियमित करने में मदद करते हैं।

पपीता विटामिन बी, सी, और के का भी अच्छा स्रोत है और एक उत्कृष्ट इम्युनिटी बूस्टर के रूप में जाना जाता है। यह एजिंग की प्रक्रिया को धीमा करता है और आपकी त्वचा को अधिक युवा और कोमल दिखने में मदद करता है। एक मध्यम आकार का पपीता विटामिन ए की आपकी दैनिक आवश्यकता को पूरा कर सकता है।

9. दही

ऐसा कहा जाता है कि आपका पेट जितना स्वस्थ रहेगा, आपकी इम्युनिटी उतनी ही बेहतर होगी। दही प्रोबायोटिक का सबसे अच्छा उदाहरण है। दही में लैक्टोबैसिलस नामक प्रोबायोटिक या अच्छे बैक्टीरिया होते हैं जो आपके पेट को स्वस्थ रखने में मदद करते हैं, साथ ही आपकी इम्यून सिस्टम को भी बढ़ावा देते हैं। दही विटामिन और प्रोटीन से भी भरपूर होती है। दही के इम्युनोस्टिमुलेटरी प्रभाव के कारण, यह संक्रमण, पेट सम्बन्धी विकार, कैंसर और अस्थमा जैसी बीमारियों से लड़ने में मदद करती है। यह वृद्ध लोगों के लिए बहुत फायदेमंद है। सादा दही खाएँ, फ्लेवर वाले नहीं, और इसे अपने दोपहर के भोजन के साथ खाएँ।

10. ग्रीन टी

ग्रीन टी के उल्लेख के बिना सूची अधूरी है। दो शक्तिशाली एंटीऑक्सिडेंट- पॉलीफेनोल्स और फ्लेवोनोइड्स की उच्च मात्रा, ग्रीन टी को आपकी इम्युनिटी बढ़ाने के लिए एक रत्न बनाती है। ये एंटीऑक्सिडेंट शरीर में फ्री रेडिकल्स को मारते हैं और आपकी उम्र को लम्बा करते हैं।

फ्री रेडिकल्स उस प्रक्रिया के बाइ-प्रोडक्ट हैं जिसमें सेल्स शरीर में ऊर्जा उत्पन्न करने के लिए ऑक्सीजन का उपयोग करते हैं। निम्न या मध्यम स्तर पर, फ्री रेडिकल्स हानिकारक नहीं होते हैं, लेकिन ज्यादा संख्या में वे ऑक्सीडेटिव स्ट्रेस (अर्थ महत्वपूर्ण शब्दावली खंड में देखें) का कारण बनते हैं, जो कि एक हानिकारक प्रक्रिया है जो सभी सेल्स की संरचनाओं को नुकसान पहुँचाती है। ऑक्सीडेटिव स्ट्रेस आर्थराइटिस, ऑटोइम्यून विकारों, कैंसर, एजिंग, हृदय और न्यूरोडीजेनेरेटिव रोगों के विकास में महत्वपूर्ण भूमिका निभाता है।

ग्रीन टी के शक्तिशाली एंटीऑक्सिडेंट इन फ्री रेडिकल्स को मारते हैं और सर्दी, आर्थराइटिस, एजिंग और कैंसर जैसी बीमारियों से लड़ने में मदद करते हैं। अगर आपने अभी तक ग्रीन टी पीना शुरू नहीं किया है तो अब से जरूर पियें!

निष्कर्ष

ये खाद्य पदार्थ निश्चित रूप से आपकी इम्युनिटी को बढ़ाते हैं, लेकिन आपकी इम्यून सिस्टम को स्वस्थ रखने के लिए एक स्वस्थ जीवनशैली का होना भी महत्वपूर्ण है, जिसमें पर्याप्त नींद लेना, योग करना, सुबह की सैर करना और अपने तनाव को मैनेज करना शामिल है। बेशक, आपकी इम्युनिटी को बढ़ावा देने के लिए बाजार में डाइटरी सप्लीमेंट्स उपलब्ध हैं, लेकिन उनके प्रभाव सीमित हैं। प्राकृतिक होने की एक अच्छी बात यह है कि यह बिना किसी दुष्प्रभाव के सभी लाभों को प्रदान करती है। अधिकांश इम्युनिटी बूस्टर खाद्य पदार्थ आपकी त्वचा और बालों के स्वास्थ्य को भी बढ़ाते हैं, इसलिए इन्हे खाना पूर्णतः एक जीत की स्थिति है।

4

अधिकतम स्वास्थ्य लाभ के लिए इन 10 न्यूट्रिएंट कॉम्बिनेशन का सेवन करें

पोषक तत्वों को स्वास्थ्य लाभ प्रदान करने के लिए आपके शरीर में पर्याप्त रूप से अब्सॉर्ब (अवशोषित) होने की आवश्यकता होती है। कुछ पोषक तत्व आपके शरीर से बिना अब्सॉर्ब हुए तेजी से बाहर

निकल जाते हैं, और आपको उनके स्वास्थ्य लाभ नहीं मिलते हैं। पोषक तत्वों के अब्सॉर्प्शन को विभिन्न कारक प्रभावित करते हैं। खाद्य पदार्थों को आपके शरीर में अब्सॉर्ब होने के लिए एक अनुकूल वातावरण और कुछ विटामिन और मिनरल्स की उपस्थिति की आवश्यकता होती है। यदि खाद्य पदार्थ आपके शरीर में अब्सॉर्ब नहीं होते हैं, तो आपको स्वास्थ्य लाभ नहीं मिलते हैं। सौभाग्य से, आप भोजन के अब्सॉर्प्शन को अन्य खाद्य पदार्थों के साथ जोड़कर बढ़ा सकते हैं, जो उनके अब्सॉर्प्शन के लिए आवश्यक वातावरण प्रदान करते हैं और उनके मेटाबोलिज्म (उपापचय) को रोकते हैं, जिससे रक्त में पोषक तत्व अब्सॉर्ब होने के लिए अधिक उपलब्ध होते हैं। इन खाद्य पदार्थों को एक साथ खाने से आपको अधिकतम स्वास्थ्य लाभ मिलना सुनिश्चित होता है।

नीचे 10 न्यूट्रिएंट कॉम्बिनेशन दिए गए हैं जिन्हें आपको अधिकतम स्वास्थ्य लाभ के लिए खाना चाहिए।

1. आयरन के साथ विटामिन सी

आयरन रक्त उत्पादन के लिए एक आवश्यक न्यूट्रिएंट है। रेड ब्लड सेल्स (लाल रक्त कोशिकाओं) में मौजूद हीमोग्लोबिन में लगभग 70 प्रतिशत आयरन होता है। हीमोग्लोबिन रक्त के माध्यम से फेफड़ों से शरीर के अंगों तक ऑक्सीजन पहुँचाता है। आयरन की कमी से आपको एनीमिया हो सकता है जिससे हृदय संबंधी समस्याएँ हो सकती हैं। यदि आप बहुत कम आयरन युक्त खाद्य पदार्थ खा रहे हैं, या शरीर में आयरन ठीक से अब्सॉर्ब नहीं हो रहा है, तो आपको आयरन की कमी हो सकती है। जब आप विटामिन सी को आयरन के साथ खाते हैं तो यह आयरन से बंध कर उसकी स्थिरता और घुलनशीलता को बढ़ाता है। एक बार जब आयरन अधिक घुलनशील हो जाता है, तो यह आंत में मौजूद म्युकस मेम्ब्रेन के माध्यम से शरीर में अधिक आसानी से अब्सॉर्ब होता है और आपको आयरन का पूरा स्वस्थ्य लाभ मिलता है।

आयरन के बेहतर अब्सॉर्प्शन के लिए इन फूड कॉम्बिनेशन को खाएँ:

1. नींबू का रस और पालक

पालक को पकाते समय नींबू का रस मिलाएँ, यह पालक का गहरा हरा रंग बनाए रखेगा और साथ ही आयरन के अब्सॉर्प्शन को भी बढ़ाएगा।

2. नींबू का रस और स्प्राउट्स

3. टमाटर और दाल

4. संतरा और ओट्स

5. टमाटर और चुकंदर

2. कैल्शियम के साथ विटामिन डी

कैल्शियम और विटामिन डी दोनों आपकी हड्डियों के स्वास्थ्य के लिए बहुत महत्वपूर्ण हैं। न केवल आपकी हड्डियाँ बल्कि आपके हृदय, मांसपेशियों और नसों को भी ठीक से काम करने के लिए कैल्शियम की आवश्यकता होती है। आपने देखा होगा कि कैल्शियम की गोलियाँ हमेशा विटामिन डी के कॉम्बिनेशन में ही आती हैं। इसके पीछे एक ठोस कारण है। विटामिन डी फैट में घुलनशील पोषक तत्व है जो आंत में कैल्शियम के अब्सॉर्प्शन को बढ़ाता है। विटामिन डी के साथ कैल्शियम न केवल आपको ऑस्टियोपोरोसिस और हड्डियों की बीमारी से बचा सकता है, यह संयोजन डायबिटीज़, हाई ब्लड प्रेशर और कैंसर से भी रक्षा करता है।

बेहतर कैल्शियम अब्सॉर्प्शन के लिए इन फूड कॉम्बिनेशन को खाएँ:

1. सुबह 10 से 15 मिनट के लिए धूप सेके, उसके बाद एक गिलास दूध पिएँ।

2. मशरूम और सोयाबीन

3. दही और नट्स

4. मशरूम और गहरे रंग के पत्तेदार साग

5. सौर क्रीम और ब्रोकोली

3. हल्दी के साथ काली मिर्च

हल्दी में करक्यूमिन के कारण अनेक स्वास्थ्य लाभ होते हैं। करक्यूमिन के साथ समस्या यह है कि यह शरीर में अच्छी तरह से अब्सॉर्ब नहीं होता है। इसके अतिरिक्त, यह शरीर में तेजी से मेटाबोलाइज़ होता है जिससे ये तेजी से शरीर से बाहर निकल जाता है। नतीजतन, आप इसके स्वास्थ्य लाभों से वंचित रह जाते हैं। हल्दी और काली मिर्च को मिलाकर आप करक्यूमिन की बायोअवेलेबिलिटी बढ़ा सकते हैं। काली मिर्च में पिपेरिन नामक सक्रिय तत्व होता है जो करक्यूमिन को पाचक एंजाइमों से बचाता

है। यह करक्यूमिन के टूटने को धीमा कर देता है। नतीजतन, करक्यूमिन लंबे समय तक रक्तप्रवाह में बना रहता है। इसलिए, यह करक्यूमिन के अब्सॉर्प्शन को कई गुना बढ़ा देता है, जिससे करक्यूमिन शरीर द्वारा उपयोग करने के लिए अधिक आसानी से उपलब्ध होता है।

4. विटामिन ए के साथ जिंक

विटामिन ए न केवल नाइट ब्लाइन्ड से बचाव के लिए महत्वपूर्ण है, बल्कि यह स्वस्थ विकास को भी बढ़ावा देता है और इम्युनिटी को बढ़ाने में बहुत महत्वपूर्ण भूमिका निभाता है। शरीर में जिंक की उपलब्धता से विटामिन ए का अब्सॉर्प्शन अत्यधिक प्रभावित होता है। जिंक शरीर में विटामिन ए के अब्सॉर्प्शन, ट्रांसपोर्ट और उपयोग में महत्वपूर्ण भूमिका निभाता है। जब आपके शरीर में जिंक की कमी होती है, तो यह लीवर से शरीर के टिश्यूज़ तक विटामिन ए

पहुँचाने की गति को प्रभावित करता है। जिंक रेटिनॉल (विटामिन ए) के रेटिनल में रूपांतरण को भी नियंत्रित करता है, जिसके लिए जिंक पर निर्भर एंजाइम की क्रिया की आवश्यकता होती है। इसलिए, यदि आप जिंक युक्त फूड के साथ विटामिन ए युक्त खाद्य पदार्थ खाते हैं, तो आपको विटामिन ए के अधिकतम स्वास्थ्य लाभ प्राप्त होते हैं।

बेहतर विटामिन ए अब्सॉर्प्शन के लिए इन फूड कॉम्बिनेशन को खाएँ:

1. काजू और गाजर का हलवा
2. फलियाँ (राजमा, चना) और पालक
3. ड्राई फ्रूट्स और आम रस
4. स्विस चीज़ और शकरकंद
5. ओट्स और पपीता

5. ग्रीन टी के साथ नींबू

ग्रीन टी कैटेचिन नामक तत्व से भरी हुई होती है जो कि पॉलीफेनोल्स है जिनमें शक्तिशाली एंटीऑक्सिडेंट, एंटी-इंफ्लेमेटरी और एंटीबैक्टीरियल गुण होते हैं। कैटेचिन ब्लड प्रेशर और शुगर लेवल में सुधार करता है, कोशिकाओं को क्षति से बचाता है और कैंसर को रोकने में बहुत प्रभावी है। ग्रीन टी के कैटेचिन आंत में अपेक्षाकृत अस्थिर होते हैं। विटामिन सी से भरपूर खाद्य पदार्थ जैसे खट्टे फल शरीर में अब्सॉर्ब करने के लिए उपलब्ध कैटेचिन की मात्रा को बढ़ाते हैं।

आंत में उनके क्षरण को रोकने के लिए विटामिन सी कैटेचिन के साथ परस्पर क्रिया करता है। नतीजतन, शरीर में अब्सॉर्ब होने के लिए अधिक कैटेचिन उपलब्ध होता है। इसलिए, अपनी ग्रीन टी में नींबू का रस अवश्य डालें क्योंकि जब आप अपनी ग्रीन टी में नींबू मिलाते हैं, तो यह कैटेचिन के अब्सॉर्प्शन को पाँच गुना से अधिक बढ़ा देता है।

6. फाइटिक एसिड और पानी

प्लांट बेस्ड (वनस्पति पर आधारित) खाद्य पदार्थ जैसे साबुत अनाज, फलियाँ और मेवों में फाइटिक एसिड होता है जो आयरन, जिंक, कैल्शियम और मैंगनीज जैसे मिनरल्स से बंधता है और शरीर में उनके अब्सॉर्प्शन को रोकता है। जब फाइटिक एसिड इन मिनरल्स से जुड़ता है तो यह फाइटेट्स बनाता है, और हमारे शरीर में ऐसा कोई एंजाइम नहीं है जो इन मिनरल्स को छोड़ाने के लिए फाइटेट को तोड़ सके। इसलिए, आपको इन मिनरल्स का पूर्ण स्वास्थ्य लाभ नहीं मिलता है। सौभाग्य से, इस समस्या का सरल समाधान इन्हें पानी में भिगोना है! पानी में भिगोने से फाइटिक एसिड पानी में घुल जाता है। आपको फाइटिक एसिड युक्त खाद्य पदार्थों को रात भर (या कम से कम 3-4 घंटे के लिए) पानी में भिगोना चाहिए। यह मिनरल्स की बायोअवेलिबिलिटी में वृद्धि करता है और पेट संबंधी बीमारी को कम करता है।

खाद्य पदार्थ जिन्हें आपको बेहतर अब्सॉर्प्शन के लिए भिगोना चाहिए:

1. नट्स (बादाम, मूंगफली, अखरोट, और अन्य)

2. फलियाँ (राजमा, चना और मटर)

3. चावल

4. गेहूँ का चोकर

5. तिल

7. टमाटर के साथ ओलिव आयल

टमाटर में लाइकोपीन नामक मुख्य कैरोटीनॉयड तत्व होता है। टमाटर का एंटीऑक्सीडेंट लाइकोपीन हृदय रोग और कुछ प्रकार के कैंसर के जोखिम को कम करता है। लाइकोपीन फैट में घुलनशील कंपाउंड है, जिसका अर्थ है कि यह हेल्थी फैट की उपस्थिति में बेहतर अब्सॉर्ब होता है। ओलिव आयल में पके हुए टमाटर खाने से लाइकोपीन का अब्सॉर्प्शन बहुत बढ़ जाता है और आपकी कोशिकाओं को फ्री रेडिकल्स से बचाता है। फ्री रेडिकल्स एजिंग, हृदय रोग, कैंसर और अन्य बीमारियों का मुख्य कारण है।

8. फोलेट के साथ विटामिन बी12

फोलेट (फोलिक एसिड या विटामिन बी 9) जब अकेले लिया जाता है, तो विटामिन बी12 की कमी के लक्षणों को छुपा सकता है। समस्या यह है कि लक्षणों के बिना आपको पता ही नहीं चलता कि आप में विटामिन बी12 की कमी है। इससे निदान में देरी हो सकती है, और नर्व क्षति का जोखिम हो सकता है। इस कारण से, इन दोनों विटामिन को अक्सर एक साथ लिया जाता है। इसके अलावा, फोलेट रेड ब्लड सेल्स को बनाने और शरीर में आयरन को ठीक से काम करने में मदद करने के लिए विटामिन बी 12 के साथ मिलकर काम करता है। फोलेट और विटामिन बी12 एक साथ (विटामिन बी6 के साथ) होमोसिस्टीन के स्तर को कम करने में मदद करते हैं। अध्ययन से पता चलता है कि होमोसिस्टीन (एक अमीनो एसिड) के उच्च स्तर दिल सम्बन्धी बिमारियों से जुड़े हैं, जिससे दिल का दौरा और स्ट्रोक हो सकता है। यदि आप फोलेट और विटामिन बी12 से भरपूर खाद्य पदार्थ एक साथ खाते हैं, तो आपको कभी भी

फोलेट या विटामिन बी12 की कमी नहीं होगी, और आप कभी भी उदास नहीं होंगे क्योंकि ये दोनों विटामिन एक साथ खाए जाने पर ये इम्युनिटी को बढ़ाते हैं और मूड को अच्छा करते हैं।

अधिकतम स्वास्थ्य लाभ के लिए इन फोलेट और विटामिन बी 12 फूड कॉम्बिनेशन को खाएँ:

1. दही और केला

2. शिटाके मशरूम और गहरे रंग के पत्तेदार साग

3. दूध और नट्स

4. दही और भिंडी

5. व्हेय* और दाल

*व्हेय पनीर बनाने की प्रक्रिया का गौण उत्पादन (बाइ-प्रोडक्ट) है। यह दूध से पनीर बनने और छानने के बाद बचा हुआ तरल है। दाल को सादे पानी की जगह व्हेय में पकाएँ या आटा गुथने में सादे पानी की जगह इसे उपयोग करें ।

9. बीन्स के साथ चावल (पूर्ण प्रोटीन)

मानव शरीर को नौ अमीनो एसिड की आवश्यकता होती है, जो आवश्यक हैं यानी आपको उन्हें भोजन के माध्यम से ही प्राप्त करना होता है क्यों कि शरीर इनको खुद नहीं बना सकता है। एक पूर्ण प्रोटीन का मतलब होता है प्रोटीन का एक खाद्य स्रोत जिसमें नौ आवश्यक अमीनो एसिड में से प्रत्येक की पर्याप्त मात्रा होती है।

सभी प्रोटीन स्रोत पूर्ण प्रोटीन नहीं होते हैं, विशेष रूप से शाकाहारी प्रोटीन स्रोत। इसका मतलब यह नहीं है कि शाकाहारी होने के कारण आप अमीनो एसिड से वंचित रह जाएँगे। आप सही फूड कॉम्बिनेशन खा कर सभी आवश्यक अमीनो एसिड प्राप्त कर सकते हैं। सबसे अच्छा उदाहरण चावल और बीन्स (राजमा और छोले) है। चावल और बीन्स मिलकर एक संपूर्ण प्रोटीन बनाते हैं क्योंकि इन्हें जब एक साथ खाया जाता है, तो वे मानव आहार में आवश्यक सभी नौ आवश्यक अमीनो एसिड प्रदान करते हैं।

बीन्स लाइसिन नामक एमिनो एसिड में समृद्ध होते हैं लेकिन मेथियोनीन के रूप में जाना जाने वाला एक एमिनो एसिड इसमें नहीं होता है। चावल में मेथियोनीन का उच्च स्तर होता है लेकिन इसमें लाइसिन अमीनो एसिड पर्याप्त नहीं होता है। जब चावल और बीन्स (जैसे कि राजमा और छोले) का एक साथ सेवन किया जाता है, तो ये कॉम्बिनेशन प्रत्येक अमीनो एसिड प्रदान करता है जो एक दूसरे में नहीं होता है, जिससे यह उच्च गुणवत्ता वाला

प्रोटीन बन जाता है। यहाँ कुछ और उच्च प्रोटीन फूड कॉम्बिनेशन दिए गए हैं।

संपूर्ण प्रोटीन प्राप्त करने के लिए इन फूड कॉम्बिनेशन को खाएँ:

1. राजमा और चावल

2. हरे मटर और दाल

3. मकई और मिश्रित बीन्स

4. मसूर दाल और ब्राउन राइस

5. गोभी और गेहूँ

10. विटामिन ए, डी, ई और के और हैल्थी फैट

विटामिन ए, डी, ई और के, सभी फैट में घुलनशील विटामिन हैं। इन फैट में घुलनशील विटामिनों को ठीक से अब्सॉर्ब होने के लिए शरीर में फैट की उपलब्धता की आवश्यकता होती है। आपका शरीर एक ही समय में कुछ फैट खाए बिना उन्हें प्रभावी ढंग से अब्सॉर्ब नहीं कर सकता है। फैट में घुलनशील विटामिन युक्त खाद्य पदार्थों

के कुछ उदाहरण हैं: **विटामिन ए** - आम, लाल शिमला मिर्च, शकरकंद, और अधिकांश रंगीन सब्जियाँ, **विटामिन डी** - दूध और दूध के उत्पाद, **विटामिन ई** - बादाम, मूंगफली, सूरजमुखी के बीज और **विटामिन के** - फूलगोभी, पालक, केल जैसे पत्तेदार साग।

फैट में घुलनशील विटामिन के बेहतर अब्सॉर्प्शन के लिए इन फूड कॉम्बिनेशन को खाएँ:

1. बादाम मिल्कशेक
2. गाय के घी में भुने हुए ड्राई फ्रूट्स
3. पालक और सरसों का तेल
4. आम और एवोकैडो
5. ड्राई फ्रूट्स और फ्लैक्स सीड्स

नोट: इन न्यूट्रिएंट कॉम्बिनेशन से बने व्यंजनो के लिए पढ़े कैसे सुपरफूड्स के साथ रोग मुक्त जिएं - कुकबुक

निष्कर्ष

ऊपर बताए गए फूड कॉम्बिनेशन को खाना ज्यादा मुश्किल नहीं है। उपरोक्त में से कुछ फूड कॉम्बिनेशन आप पहले से खा रहे होंगे, कुछ कॉम्बिनेशन आपके लिए नए हो सकते हैं। अपनी स्वाद कली के साथ कुछ प्रयोग करने का समय आ गया है। यदि आप इन पोषक तत्वों को मिलाकर कोई नई डिश लेकर आए हैं, तो मुझे भी बताएँ। मुझे भी इसे आजमाना अच्छा लगेगा।

5

स्वस्थ और रोग मुक्त जीवन के लिए आहार योजना

- ✓ खाली पेट नींबू पानी पिएँ।
- ✓ प्रतिदिन रातभर भिगोये हुए मेवे खाएँ।
    - सर्दियों में 8 बादाम और 6 काजू और 6 पिस्ता और 8 किशमिश और 2 अंजीर और 4 खजूर खाएँ।
    - गर्मियों में रात भर भिगोये हुए 5-6 बादाम और 4 काजू और 4 पिस्ता और 4 किशमिश और 1 अंजीर और 2 खजूर खाएँ।
- ✓ ग्रीन टी में नींबू के रस डालकर पिएँ। अगर आपको मीठा डालना है तो इसमें चीनी की जगह गुड़ डालें।

- ✓ प्रतिदिन फ्लैक्स सीड्स खाएँ।
- ✓ विभिन्न तरह के स्प्राउट्स खाएँ।
- ✓ गेहूँ के आटे में 7:1 के अनुपात में जौ का आटा मिलाएँ। 7 किलो गेहूँ के आटे में 1 किलो जौ का आटा मिलाएँ।
- ✓ अधिक पानी पिएँ। पानी यूरिन के माध्यम से आपके रक्त से टॉक्सिन्स को निकालने में मदद करता है।
- ✓ हफ्ते में एक बार खाली पेट एक कुचला हुआ लहसुन खाएँ।
- ✓ मेथी दानों को कूट लें और खाना पकाने में मेथी के पाउडर का प्रयोग करें। मेथी के दाने स्वाद में कड़वे होते हैं इसलिए 1 छोटा चम्मच ही डालें। यदि आप कड़वा स्वाद सहन कर सकते हैं, तो 1 बड़ा चम्मच तक डालें।
- ✓ खाना पकाने में हल्दी, दालचीनी और जीरा जैसे मसालों का प्रयोग करें।
- ✓ खाना पकाने में रिफाइंड तेल की जगह कोल्ड प्रेस्ड तेल जैसे सरसों के तेल का प्रयोग करें।
- ✓ तीन तरह के तेल का इस्तेमाल करें- खाना पकाने के लिए सरसों का तेल, तलने के लिए रिफाइंड तेल जैसे सोयाबीन का तेल, और धीमी आंच पर खाना पकाने के लिए एक्स्ट्रा वर्जिन ओलिव आयल का प्रयोग करें। डीप फ्राई करने के लिए एक्स्ट्रा वर्जिन ओलिव आयल का प्रयोग न करें।
- ✓ मौसमी फल और सब्जियाँ खूब खाएँ। गैर-मौसमी फल और सब्जियों से परहेज़ करें, उनमे पोषण तत्व की कमी होती है।
- ✓ आपकी उम्र चाहे जो भी हो, रोजाना एक गिलास दूध पिएँ। दूध सिर्फ बच्चों के लिए ही नहीं बल्कि सभी उम्र के लोगों के लिए जरूरी है।

महत्वपूर्ण शब्दावली

विड्रॉल सिम्टम्स: सिरदर्द, घबराहट, और अनिद्रा सहित शारीरिक या मनोवैज्ञानिक प्रभाव की एक विस्तृत श्रृंखला, जो तब होती है जब कोई व्यक्ति जो किसी दवा का आदी है, उस दवा को लेना अचानक बंद कर देता है।

पॉलीफेनोल्स: पॉलीफेनोल्स, पौधों में प्रचुर मात्रा में पाए जाने वाले ऑर्गनिक यौगिक हैं। हाल के दशकों में ये अध्धयन का एक बड़ा क्षेत्र बन गए हैं। अनुसंधान से पता चलता है कि पॉलीफेनोल की खपत स्वास्थ्य में महत्वपूर्ण भूमिका निभा सकती है। ये हृदय रोग और कैंसर से बचा सकते हैं साथ ही पुरानी बीमारी, वजन, पाचन, और ब्लड शुगर के स्तर में भी सुधार करते हैं। लिग्नान और फ्लेवोनोइड्स पॉलीफेनोल्स के उदाहरण हैं जो पौधों में पाए जाते हैं और विभिन्न स्वास्थ्य लाभ प्रदान करते हैं।

फ्री रेडिकल्स: फ्री रेडिकल्स शरीर में ऑक्सीडेटिव प्रक्रिया के कारण बनने वाले इलेक्ट्रॉन होते हैं। ये इलेक्ट्रॉन जोड़े में रहना पसंद करते हैं, इसलिए वे प्रोटीन और डीएनए के इलेक्ट्रॉन के साथ जोड़ी बनाते हैं और उन्हें नुकसान पहुँचाते हैं।

एंटीऑक्सिडेंट: शरीर में एंटीऑक्सिडेंट होते हैं जो फ्री रेडिक्ल्स बनाने वाली ऑक्सीडेटिव प्रक्रिया को रोककर फ्री रेडिक्ल्स को बेअसर करते हैं।

ऑक्सीडेटिव स्ट्रेस: जब शरीर में फ्री रेडिक्ल्स प्राकृतिक रूप से पाए जाने वाले एंटीऑक्सिडेंट से अधिक हो जाते हैं, तो इसका परिणाम

ऑक्सीडेटिव स्ट्रेस होता है। इस असंतुलन से डीएनए, प्रोटीन और लिपिड सहित सेल्स और टिश्यूज़ डैमेज होते हैं। आपके डीएनए को नुकसान होने से कैंसर, आर्थराइटिस, डायबिटीज़, और स्ट्रोक जैसी बीमारियों का खतरा बढ़ जाता है।

इन्फ्लेमेशन: इन्फ्लेमेशन हानिकारक बैक्टीरिया और वायरस के प्रति शरीर की प्रतिक्रिया है और यह कोशिकाओं के नुक्सान के प्रारंभिक कारण को खत्म करती है। शरीर क्षतिग्रस्त कोशिकाओं को ठीक करने के लिए सफेद रक्त कोशिकाओं को छोड़ता है। जब इम्यून सिस्टम गलती से स्वस्थ टिश्यूज़ पर हमला करता है, तो यह हानिकारक असामान्य इन्फ्लेमेशन का कारण बनता है। असामान्य इन्फ्लेमेशन की वजह तनाव, धूम्रपान और शराब का सेवन है। असामान्य इन्फ्लेमेशन से जुड़े रोगों के कुछ उदाहरण आर्थराइटिस, सोरायसिस और इन्फ्लेमेटरी बॉवेल सिन्ड्रोम हैं।

प्रो-इंफ्लेमेटरी: कोई भी पदार्थ जो शरीर में इन्फ्लेमेशन या सूजन को बढ़ावा देती हैं, जिनमें कुछ खाद्य पदार्थों के साथ वायु प्रदूषण भी शामिल है।

एंटी इन्फ्लेमेटरी: ऐसे पदार्थ जो शरीर में इन्फ्लेमेशन (लालिमा, सूजन और दर्द) को कम करते हैं।

बायोअवेलेबिलिटी: शरीर में अपना प्रभाव दिखाने के लिए एक पदार्थ का शरीर में जाने के बाद वास्तविक अनुपात जो ब्लड सर्कुलेशन तक पहुँचता है।

ऑटोइम्यून बीमारी: एक ऐसी स्थिति जिसमें शरीर का इम्यून सिस्टम अपने स्वस्थ टिश्यूज़ को बाहरी आक्रमणकारी समझता है

और उन पर हमला करता है। आर्थराइटिस, टाइप 1 डायबिटीज़ और सोरायसिस ऑटोइम्यून बीमारियों के उदाहरण हैं।

इम्युनोमोड्यूलेटर: इम्युनोमोड्यूलेटर ऐसे पदार्थ हैं जो चिकित्सीय लक्ष्यों को प्राप्त करने के लिए इम्यून सिस्टम की प्रतिक्रिया को संशोधित करते हैं, जिसमें इम्यून सिस्टम को उत्तेजित करना, क्षीण या बाधित करना शामिल है, ये आमतौर पर शरीर के लिए फायदेमंद होते हैं।

अंग्रेजी शब्दों के हिंदी अनुवाद

फूड - खाद्य पदार्थ
डायबिटीज़ - मधुमेह
हाई ब्लड प्रेशर - उच्च रक्तचाप
आर्थराइटिस - गठिया
ऑलिव ऑयल - जैतून का तेल
सेल - कोशिकाएँ
टिश्यू - ऊतक
ब्लड वैसल्स - रक्त वाहिकाएँ
अब्सॉर्प्शन - अवशोषण
डिहाइड्रेशन - निर्जलीकरण
इम्यून सिस्टम - रोग प्रतिरोधक प्रणाली/ प्रतिरक्षा प्रणाली

ला फॉनसिएर द्वारा नोट

प्रिय पाठक,

कैसे सुपरफूड्स के साथ रोग मुक्त जिएं पुस्तक पढ़ने के लिए आपका धन्यवाद।

यदि आपको यह पुस्तक उपयोगी लगी तो कृपया इसको ऑनलाइन रिव्यु करें। अन्य स्वास्थ्य के प्रति जागरूक पाठकों की मदद करने के लिए उन्हें बताएँ कि आपको यह पुस्तक क्यों पसंद आयी।

इस पुस्तक में वर्णित सुपरफूड्स पर आधारित स्वादिष्ट और मुँह में पानी लाने वाले व्यंजनों के लिए इस श्रृंखला की अगली किताब "**बीमारी को रोकने और नियंत्रित करने के लिए खाएँ कुकबुक**" पढ़े।

ईट सो व्हॉट! श्रृंखला- **ईट सो व्हॉट! शाकाहार की शक्ति** और **ईट सो व्हॉट! स्वस्थ रहने के स्मार्ट तरीके** में जानें कि कैसे शाकाहारी भोजन बीमारी से मुक्त स्वस्थ जीवन का समाधान है!

यदि आप अपनी बालों की समस्याओं के स्थायी समाधान की तलाश में हैं तो **स्वस्थ बालों का राज़** पढ़ें।

ये सभी पुस्तकें ईबुक, पेपरबैक और हार्डकवर संस्करण में उपलब्ध हैं।

सादर
ला फॉनसिएर

ला फॉनसिएर की अन्य पुस्तकें

इंग्लिश एडिशन:

हिंदी एडिशन:

लेखिका के बारे में

ला फॉनसिएर पुस्तक श्रृंखला **ईट सो व्हॉट!**, **ईट टू प्रिवेंट एंड कंट्रोल डिसीज़** और **सीक्रेट ऑफ़ हेल्दी हेयर** की लेखिका हैं। फार्मेसी में मास्टर डिग्री के साथ, वह एक शोध वैज्ञानिक और पंजीकृत फार्मासिस्ट हैं। उन्होंने फार्मास्युटिकल टेक्नोलॉजी में विशेषज्ञता हासिल की है और फार्मास्युटिकल रिसर्च एंड डेवलपमेंट डिपार्टमेंट में रिसर्च साइंटिस्ट के रूप में काम किया है। वह एक हेल्थ ब्लॉगर और डांस आर्टिस्ट हैं। एक शोध वैज्ञानिक होने के नाते, वह मानती हैं कि पौष्टिक शाकाहारी भोजन और स्वस्थ जीवन शैली के साथ अधिकांश बीमारियों को रोका जा सकता है।

ला फॉनसिएर से जुड़ें

इंस्टाग्राम/X: **@la_fonceur | @eatsowhat**

फेसबुक: **LaFonceur | eatsowhatblog**

ला फॉनसिएर की पुस्तकों पर विशेष ऑफर प्राप्त करने के लिए वेबसाइट पर साइन अप करें:

ब्लॉग: **https://eatsowhat.com/signup**

वेबसाइट: **www.lafonceur.com/sign-up**